O I CHING DO AMOR

O I CHING DO AMOR

Rosemary Burr

Tradução
ALÍPIO CORREIA DE FRANCA NETO

EDITORA PENSAMENTO
São Paulo

*Para meus pais, Berenice e Reg, com carinho, e obrigado pelo seu
apoio ao longo das muitas mudanças por que passei.*

O primeiro número à esquerda indica a edição, ou reedição, desta obra. A primeira dezena
à direita indica o ano em que esta edição, ou reedição, foi publicada.

Edição	Ano
1-2-3-4-5-6-7-8-9-10	02-03-04-05-06-07

Direitos de tradução para o Brasil
adquiridos com exclusividade pela
EDITORA PENSAMENTO-CULTRIX LTDA.
Rua Dr. Mário Vicente, 368 — 04270-000 — São Paulo, SP
Fone: 272-1399 — Fax: 272-4770
E-mail: pensamento@cultrix.com.br
http://www.pensamento-cultrix.com.br
que se reserva a propriedade literária desta tradução.

Impresso em nossas oficinas gráficas.

SUMÁRIO

Introdução

O I Ching do Amor é uma versão moderna do antigo Livro das Mutações chinês (o *I Ching*) que data de milhares de anos e é um dos oráculos mais respeitados no mundo. Ao longo dos séculos tornou-se uma parte crucial da vida e do pensamento chineses tradicionais, e ainda hoje proporciona aos que o utilizam visões agudas acerca das forças em vigor em determinado momento. Sua relevância e uso difundiram-se desde o século XIX, sua sabedoria filtrando-se lentamente no Ocidente. Descobri o I Ching há mais de vinte anos, e em meu trabalho como terapeuta e agente de cura recorri a ele cada vez mais quando meus clientes pediram-me conselhos práticos, particularmente sobre relacionamentos.

Nesta versão do I Ching, tentei refletir a essência do oráculo, eliminando todo verniz cultural, sem significado universal, paralelamente à tentativa de manter sua precisão. Espero ter-me mantido fiel à natureza universal dos princípios expressos no I Ching, pois é isso o que faz dele um instrumento valioso de transformação e introvisão.

O QUE O FUTURO NOS RESERVA?

Embora haja um desejo compreensível de saber o que vai acontecer, em termos do I Ching essa não é a pergunta certa a fazer. O I Ching é essencialmente pragmático e (como muitas filosofias espirituais) enfatiza a necessidade de estar alerta às nuanças do momento atual. Ele aumenta nossa consciência do presente e seu potencial para florescer em "futuros múltiplos", permitindo que aumentemos nossas oportunidades atuais e minimizemos possíveis armadilhas. Ele não nos diz o que *irá* acontecer, mas nos mostra o que *po-de* acontecer se não fizermos nada e como podemos melhorar o resultado agindo de certo modo.

A capacidade do I Ching para chegar ao cerne da questão é o que o torna tão inestimável. Freqüentemente, vemos nossos próprios pensamentos, aspirações e medos refletidos para nós em vez de vermos a outra pessoa "no momento". Agimos em função do hábito, um modelo único do mundo que construímos, normalmente composto de associações e convicções contraditórias. Este livro nos permite descobrir o valor da ação correta, baseada em ser verdadeiro para si mesmo, consciente do caminho espiritual de cada pessoa e da necessidade de agir em harmonia com nosso ambiente.

O oráculo enfatiza repetidamente a importância do senso de oportunidade e inclui a idéia de ciclos. Os acontecimentos, como as plantas, desenvolvem-se a partir de sementes até chegar à maturidade, e por fim morrem. Cremos que a vida seja estável, mas recriamos continuamente nosso ser físico e procuramos restabelecer o equilíbrio.

UM INSTRUMENTO DE TRANSFORMAÇÃO

Ao nos deixar ver o cerne de nossos relacionamentos, *O I Ching do Amor* nos ajuda a usufruir uma parceria mais gratificante. É como se no fundo dispuséssemos de um dispositivo preciso, sensível, que indicasse que somos atraídos a certas pessoas ou situações e rechaçados por outras. Sabemos que há algo que torna uma pessoa nossa amiga e, uma outra, nossa inimiga, e este livro proporciona a esse elemento intangível um padrão, uma imagem e um nome, que refletem as mesmas qualidades da situação em que estamos. Ao criarmos uma imagem paralela, podemos nos livrar das nossas convicções e emoções anteriores momentaneamente, e atentar de outra forma para a situação.

Temos de fomentar o potencial para o amor e a harmonia nos relacionamentos, deixar que se desenvolva naturalmente e aceitar que ele também siga seu curso natural. Cada relacionamento é diferente por causa de sua experiência passada – ele amadurece de acordo com os pensamentos que semeamos. Temos de respeitar esse processo de crescimento, considerar o processo de transformação e estar alertas aos sinais de que o relacionamento está adentrando um território novo. Entrarmos novamente em harmonia com a natureza faz com que melhoremos nosso relacionamento com nós mesmos, com os outros e com o universo.

SOBRE ESTE LIVRO

O I Ching do Amor fornece conselhos simples, práticos, sobre qualquer questão relativa aos relacionamentos. Tudo o que você tem que fazer é lançar três moedas por seis vezes para criar um *hexagrama*, um símbolo de seis linhas representando certa configuração das energias do I Ching. Há 64 hexagramas ao todo, e a orientação associada a cada um é dada nas páginas 20-147. Familiarize-se primeiro com as energias, ou princípios, em que o I Ching se baseia, então siga as instruções nas páginas seguintes, que explicam como fazer uma leitura.

Princípios Universais

O I Ching está baseado em oito princípios universais ou leis naturais: céu, terra, água, trovão, montanha, vento, lago e chama. Esses princípios, cada qual representado por uma configuração de três linhas conhecida como *trigrama*, explicam o mundo por vezes confuso e caótico que chamamos realidade, e estão no centro de todas as situações que deparamos. Se pudermos nos sintonizar com esses princípios, ou elementos de energia, através de nossos próprios pensamentos e transferir essa energia para um hexagrama, poderemos chegar ao cerne da situação.

MODELO DE REALIDADE

O I Ching proporciona um modelo de realidade que explica por que a mudança acontece, e descreve as leis subjacentes em atividade. Ele está baseado na suposição de uma divisão entre o espírito e a matéria; o espírito dá à luz e inclui em si a matéria. Vemos a realidade como dualista – masculino e feminino, yin e yang – mas isso é uma ilusão: a única diferença entre yang (representado por uma linha contínua _____) e yin (uma linha intermitente ___ ___) é o espaço no meio da linha. Nenhuma das duas condições é estável, mas está constantemente mudando, o que você verá quando lançar as moedas para formar uma linha "de mudança" (ver página 16).

HOLISMO UNIVERSAL

A mente ocidental moderna pode achar difícil apreender o simbolismo dos oito princípios universais. Basicamente, o céu é a energia que a tudo abrange, derramando suas qualidades sobre a terra. Essas sete qualidades vibram cada qual no seu próprio nível e têm um impacto diferente sobre a matéria com que vêm a entrar em contato – uma anima, outra acalma, outra harmoniza, e assim por diante. De modo semelhante, podemos ver os oito "blocos de construção" do I Ching – os oito trigramas (ou conjuntos de energia) que atuam com a matéria e a estimulam.

Lembre-se de que só estamos vendo uma *parte* do todo. A vida não é em branco e preto – todos temos potencial para ampliar nossa visão, e *O I Ching do Amor* lhe mostrará como fazer justamente isso.

AS OITO ENERGIAS

As energias se combinam em pares para formar 64 hexagramas, mas o que as oito energias representam?

☰ CÉU

Isso representa "Deus", o "Grande Espírito" – a "energia universal". Em termos do oráculo, também representa alguém que canaliza essa energia, o mensageiro de Deus, um profeta, um sábio, o papa ou até mesmo um rei. O céu nos inspira e motiva, e nos leva a pensamentos e sentimentos superiores.

☷ TERRA

A terra nos estabiliza, nos proporciona um lugar de repouso – um lugar onde podemos plantar nossas sementes longe da dura realidade que nos cerca. Podemos regá-las até a época propícia para que os brotos surjam e floresçam. A terra nos ajuda a pôr abaixo velhos padrões e pensamentos, a transformar o negativo em positivo; o lixo se torna adubo.

ÁGUA

Com o passar do tempo, a água desgasta a pedra. Se você continua a ser verdadeiro para si mesmo, você também pode criar a mudança. Da mesma maneira que a água altera a forma da pedra, também podemos alterar nossa aparência, mas, para sermos bem-sucedidos, temos de seguir determinado caminho na vida, usando nossa alma como guia. Busque no seu interior sua própria verdade. Assim, você permanece fiel a si mesmo, e os acontecimentos serão transformados pela persistência de suas ações.

TROVÃO

O trovão cria um forte estrondo, que acorda as pessoas de seu torpor. A ação do trovão equivale a um despertar – indica uma situação demasiado "quente" que apresenta excesso de energia e precisa ser canalizada de uma forma diferente. Assim como o ar fica claro depois do trovão, uma boa altercação traz conflitos à tona e oferece a oportunidade para a resolução do problema.

MONTANHA

As montanhas são áreas de energia amplas e imóveis – ao mesmo tempo obstáculos e oportunidades. Elas simbolizam a meditação e o aumento da consciência por um lado, e as crenças ultrapassadas que se tornaram obstáculos, por outro.

VENTO

O vento move as coisas de um lugar para outro – é um mensageiro, simbolizando a comunicação, a propagação de idéias. Mas só idéias não criam a mudança – o catalisador para a transformação é a pessoa juntamente com a idéia. O vento ajuda a criar condições em que a mudança pode acontecer, mas não pode estabilizar nem realizar essas mudanças na terra.

LAGO

O lago é um receptáculo na terra para a água (que representa o potencial de nossa alma, ativado pelo coração). Se agirmos de acordo com o desejo de nosso coração, nos sentiremos felizes e alegres; assim, as ações do lago nos dão uma xícara transbordante de energia do coração, levando alegria à nossa vida.

CHAMA

O fogo nos ilumina a vida, permitindo que vejamos à noite e criando luz a partir das trevas, porém para fazer o fogo, você precisa de uma centelha e de um material que o acenda. A energia da chama é social – para brilhar de modo resplandecente, você precisa partilhar seu coração com os outros. Só então a sua paixão se tornará uma chama de cura e de transformação.

A Consulta
ao Oráculo

O I Ching do Amor é fácil de usar e pode ajudá-lo a conseguir orientações específicas sobre o que fazer para aproveitar ao máximo os seus relacionamentos. Eis como consultar o oráculo:

1. Pegue caneta e papel.
2. Formule sua pergunta. Você precisa se assegurar de que ela seja específica e relacionada com o momento. Por exemplo, não pergunte "Vou me casar um dia?", mas, de preferência, pergunte, "Este meu relacionamento com fulano levará a uma proposta de casamento no ano que vem?" Quanto mais clara a pergunta, mais útil o conselho. O I Ching é muito prático e você se beneficiará ao máximo dele se fizer perguntas diretas e realistas. Tome nota de sua pergunta numa folha de papel, registrando a data e o momento.
3. Jogue as moedas. Para ter uma resposta a sua pergunta, você precisa criar um hexagrama – esse é um símbolo feito de seis linhas. Cada linha é criada lançando-se as três moedas juntas, de uma vez, e verificando se essas moedas dão cara (o lado com quatro caracteres) ou coroa (o lado com dois caracteres).

LANÇANDO AS MOEDAS

Para cada lançamento, coloque as três moedas na palma da mão esquerda (seu lado intuitivo), ponha a palma direita sobre a esquerda, feche os olhos, deixe que quaisquer pensamentos negativos desapareçam, imagine-se numa bolha de luz cintilante e mentalmente faça sua pergunta. Então, lance as três moedas por seis vezes. Cada vez que as moedas caírem, você precisa tomar nota de qual lado é o predominante e certificar-se de que registra os lançamentos na ordem correta. Você forma o hexagrama de baixo para cima, de modo que o primeiro lançamento forma a linha de base, o segundo lançamento, a linha acima desta e assim por diante. O quadro abaixo lhe mostra como transcrever seu resultado numa linha no hexagrama, e o modo tradicional de registrar cada um dos quatro resultados possíveis.

O registro dos seus lançamentos	
SE O RESULTADO FOR	**DESENHE ESTA LINHA**
3 coroas	—x—
2 coroas, 1 cara	—— ——
2 caras, 1 coroa	————
3 caras	—o—

Se lhe acontecer de lançar três caras ou três coroas, isso indicará que uma mudança está prestes a acontecer na situação. Para realçar essa mudança, acrescenta-se um "x" ou um "o" à linha. Isso é chamado de "linha de mudança".

EXEMPLO

1º lançamento	3 caras	6º lançamento ——— ———
2º lançamento	2 caras, 1 coroa	5º lançamento ————————
3º lançamento	2 caras, 1 coroa	4º lançamento ————x————
4º lançamento	3 coroas	3º lançamento ————————
5º lançamento	2 caras, 1 coroa	2º lançamento ————————
6º lançamento	2 coroas, 1 cara	1º lançamento ————o————

A primeira coisa que você precisa fazer é lançar as moedas e tomar nota dos resultados (*ver 1º quadro acima*). Então, você pode criar seu hexagrama. Lembre-se de que você deve começar pela base (*ver 2º quadro acima*).

Esse é o seu primeiro hexagrama, que dará a resposta a sua pergunta inicial. Porém, você pode ver que criou duas linhas de mudança (no primeiro lançamento e no quarto lançamento), o que significa que a situação sobre a qual você pergunta vai mudar em breve. Mas, se você perguntar como será exatamente essa mudança, a resposta a essa pergunta mais específica será revelada pela formação de um segundo hexagrama.

LINHAS DE MUDANÇA

Assim, o que você faz quando seu resultado é uma linha de mudança? Você conserva o primeiro hexagrama, mas cada linha de mudança se transforma em seu oposto. Assim: ___x___ se torna _____ e ___o___ se torna ___ ___. Isso dará o seu segundo hexagrama. Veja o exemplo mostrado abaixo para perceber como isso funciona na prática.

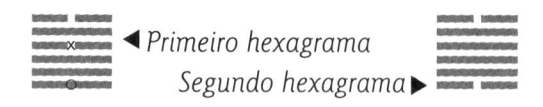

◀ *Primeiro hexagrama*

Segundo hexagrama ▶

Lembre-se: não altere a posição de quaisquer das linhas, e só altere as linhas de mudança.

COMO LOCALIZAR SUAS RESPOSTAS

Depois que formou seus hexagramas, você pode ter acesso à sabedoria do I Ching. Examine a tabela da página 151 para descobrir em que página se encontra o seu hexagrama. Cada um deles dá conselhos sobre a situação como um todo, além de uma orientação específica para ajudá-lo a responder a perguntas sobre um novo romance, parcerias existentes e amizades. Você também encontrará dicas oportunas sobre como evitar armadilhas (*ver abaixo o significado dos símbolos*).

○ PARCERIAS EXISTENTES

◑ NOVO ROMANCE

◐ AMIZADE

⊗ ARMADILHAS

Se o seu hexagrama tiver linhas de mudança, a orientação dada para cada linha de mudança lhe dará uma introvisão extra. Se você formou um segundo hexagrama, leia o comentário geral do seu hexagrama e as dicas sobre como evitar problemas para ver de que modo a situação se alterará.

COMO TIRAR O MÁXIMO DO ORÁCULO

Primeiro, reserve algum tempo para se concentrar. Tome nota de quaisquer associações, imagens ou sentimentos que lhe venham à mente, então, formule cuidadosamente sua pergunta e anote isso também. Você não deve ser perturbado por meia hora, enquanto consulta o oráculo. Anote o hexagrama e as palavras-chave a partir do texto e deixe de lado quaisquer preconceitos ao ler a resposta. Como você se sente? O que quer buscar? A folha de registro na página 148 o ajudará a examinar suas consultas iniciais com precisão. Na maioria dos casos, a reação será uma resposta óbvia a sua pergunta, mas se não for, passe algum tempo ponderando sobre ela. Se você realmente não puder perceber nada importante, tente novamente mais tarde.

UMA ADVERTÊNCIA

O I Ching do Amor o ajuda a agir com sensatez, baseado-se na compreensão de suas próprias circunstâncias. Pode ajudar a criar um caminho de alegria e beleza e encorajá-lo a sintonizar-se diretamente com a energia das situações. Este livro o ajuda a se desapegar de sentimentos de amor, raiva ou ciúme (que podem nos impedir de receber mensagens claras e úteis), revela a verdade em qualquer situação e ajuda a levar harmonia à sua vida e à das pessoas que você ama.

EXEMPLO DE CONSULTA

Pergunta: John vai me propor casamento este ano?

Lisa já sai com John há três anos e está farta da falta de compromisso da parte dele. Ela quer saber se ele vai propor casamento a ela neste ano. Sua paciência está se esgotando e ela começou a imaginar todo tipo de razões cada vez mais estranhas pelas quais John está protelando.

LANÇANDO AS MOEDAS

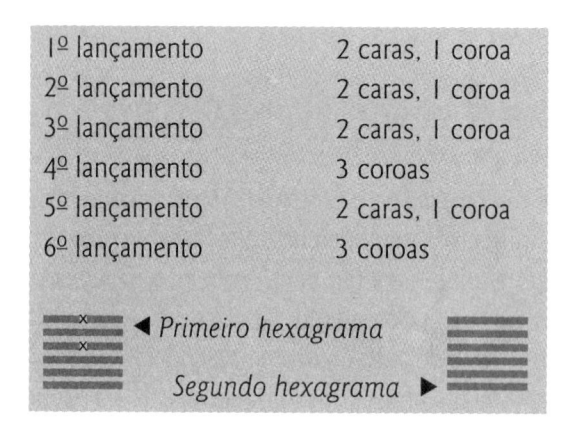

1º lançamento	2 caras, 1 coroa
2º lançamento	2 caras, 1 coroa
3º lançamento	2 caras, 1 coroa
4º lançamento	3 coroas
5º lançamento	2 caras, 1 coroa
6º lançamento	3 coroas

◀ *Primeiro hexagrama*

Segundo hexagrama ▶

Lisa se concentra em sua pergunta e lança as três moedas seis vezes. Seus lançamentos são mostrados acima. Isso dá o primeiro hexagrama dela (*ver em seguida*). Lembre-se de que o primeiro lançamento constitui a linha de base, e assim por diante.

Lisa fica feliz por ver duas linhas de mudança, já que ela sabe que isso significa que o impasse está prestes a ser desfeito. Ela forma seu segundo hexagrama, transformando as linhas de mudança no seu oposto – quer dizer, mudando ——x—— em ———.

INTERPRETAÇÃO DOS RESULTADOS

O que isso significa para o futuro de Lisa com John? O primeiro hexagrama é o número 5, Pausa para Reflexão; o segundo hexagrama é o número 1, Perspectiva de Paixão. Lisa começa lendo o comentário geral para o hexagrama 5, que lhe diz que a época ainda não é propícia para forçar a situação. Então, ela examina o símbolo para parcerias existentes – o texto que o acompanha lhe diz para se divertir em vez de se preocupar com o futuro. Lisa também confere as armadilhas. Ela fica feliz por ver que deve permanecer confiante sobre a perspectiva de felicidade futura.

As linhas de mudança de Lisa ocorreram no quarto e no sexto lançamentos, de modo que ela examina essas leituras. Elas advertem-na de que há dificuldades sob a superfície – algo estressante pode acontecer, mas um novo fato mudará as coisas para melhor. Munida dessa informação, Lisa se volta para o seu segundo hexagrama, Perspectiva de Paixão, que lhe diz que a melhor forma de reagir aos acontecimentos mencionados na primeira parte da leitura é tomar a iniciativa. Lisa sabe agora que ela tem de ser paciente, preparar-se para más notícias, e então agir corretamente.

RESULTADO

Lisa descobriu que John ainda era casado com Ângela, a quem ele não via fazia cinco anos. (Lisa descobriu isso porque o melhor amigo de John contou-lhe que John nunca se casaria com ela, já que não havia se divorciado de sua primeira mulher.) Lisa resolveu confrontar John e dizer-lhe que sabe sobre Ângela. Lisa lhe disse que o amava muito e que queria se casar com ele, e lhe pediu que se divorciasse de Ângela. John deu início ao processo legal de divórcio e propôs a Lisa casamento quando se tornou um homem livre. A paciência de Lisa e sua atitude positiva foram recompensadas, e ela recebeu a proposta que queria.

1. Perspectiva de Paixão

Céu
Céu

O segredo para aumentar a energia nesta situação é a ação correta. Tomar a iniciativa e procurar o que você sabe no fundo do coração é a solução correta. Se persistir e se se mantiver fiel a si mesmo, você terá mais sucesso do que jamais sonhou.

Esta é a sua oportunidade de criar um vínculo espiritual profundo com a pessoa amada. É hora de ver além da superficialidade do mundo material e de perceber que impacto vocês dois estão exercendo sobre o mundo em geral.

Se você conheceu alguém há pouco, isso pode ser o começo de um verdadeiro romance. Você está disposto a se arriscar a abrir seu coração e partilhar seus verdadeiros sentimentos? Agora é hora de deixar de lado os jogos de poder e simplesmente ser você mesmo.

A amizade entre vocês pode se aprofundar consideravelmente agora. Juntos, vocês têm força e confiança para criar algo novo, concretizar um projeto revolucionário ou simplesmente derrubar algumas barreiras sociais ultrapassadas.

Não fique muito convencido, nem seja autoritário ou pouco diplomático. Aproveite a oportunidade, mas não pense que você é invencível. Lembre-se de partilhar sua sorte com os outros e de usar sua energia de um modo construtivo para criar algo de valor duradouro.

LINHAS DE MUDANÇA

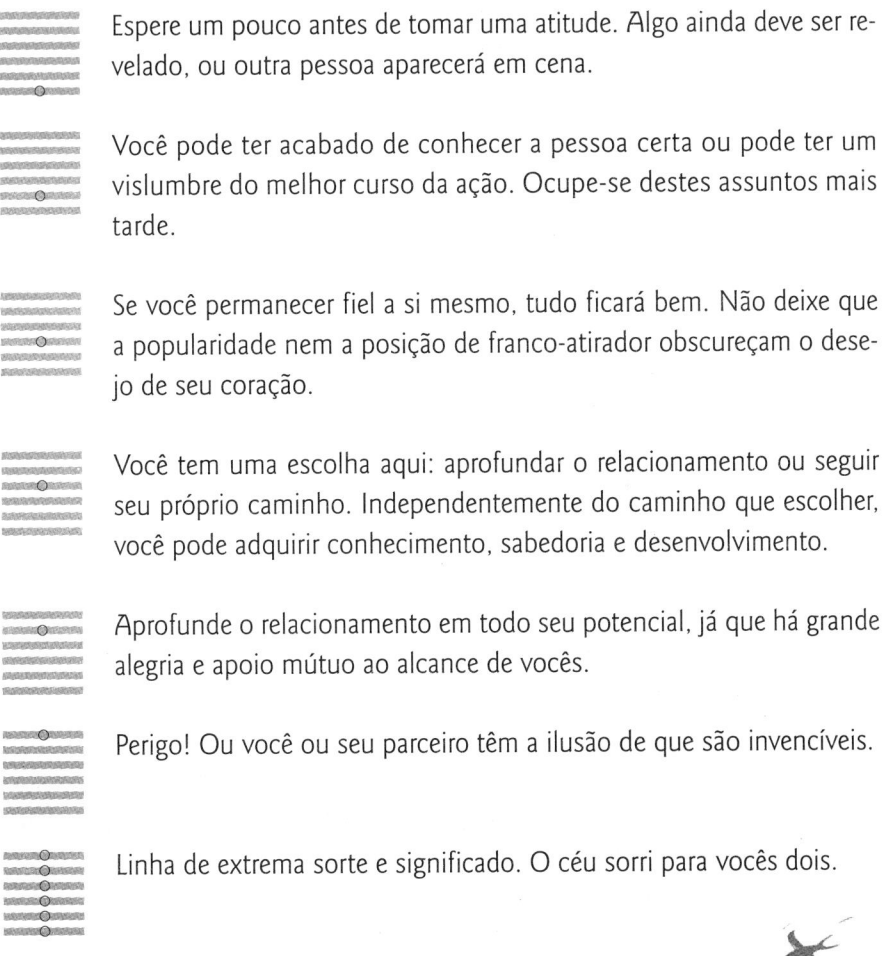

Espere um pouco antes de tomar uma atitude. Algo ainda deve ser revelado, ou outra pessoa aparecerá em cena.

Você pode ter acabado de conhecer a pessoa certa ou pode ter um vislumbre do melhor curso da ação. Ocupe-se destes assuntos mais tarde.

Se você permanecer fiel a si mesmo, tudo ficará bem. Não deixe que a popularidade nem a posição de franco-atirador obscureçam o desejo de seu coração.

Você tem uma escolha aqui: aprofundar o relacionamento ou seguir seu próprio caminho. Independentemente do caminho que escolher, você pode adquirir conhecimento, sabedoria e desenvolvimento.

Aprofunde o relacionamento em todo seu potencial, já que há grande alegria e apoio mútuo ao alcance de vocês.

Perigo! Ou você ou seu parceiro têm a ilusão de que são invencíveis.

Linha de extrema sorte e significado. O céu sorri para vocês dois.

PARCERIAS EXISTENTES   NOVO ROMANCE   AMIZADE   ARMADILHAS

2. Aberto para Idéias

Terra
Terra

É hora de dar apoio às pessoas que ama. Elas precisam ser tratadas com carinho, acalentadas e encorajadas a ser autênticas. Aprenda a arte de ouvir sem falar.

A sua parceria se pauta pelo carinho? Reflita se vocês dão um ao outro apoio emocional, financeiro e espiritual. Se não, como estabelecer alguns objetivos comuns e elaborar algumas estratégias para atingi-los?

Não volte sua atenção para um novo amor. Em vez disso, recue, espere e ouça. Que tipo de relacionamento é provável? Descubra mais a respeito antes de tomar qualquer atitude.

Examine como está a relação de vocês. Quem vem determinando o curso das coisas, organizando os passeios e pagando as contas? Lembre-se de que a amizade sem equilíbrio não dura muito.

Com esta energia, é muito fácil se tornar um "puxa-saco" ou alguém que vegeta em frente à tevê. Em vez disso, imagine como você gostaria que sua vida fosse no futuro. Pense num cordão de luz ligando-o a esses acontecimentos futuros e os atraindo até você.

LINHAS DE MUDANÇA

 Há alguns indícios de que as coisas não vão muito bem neste relacionamento. Porém, ainda é muito cedo para fazer algo sobre isto, se sentir que quer manter este compromisso.

 Esta parceria proporcionará a cada um de vocês exatamente o que precisam neste momento. Não há necessidade de nenhuma interferência consciente da parte de ninguém.

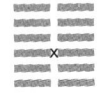 Há a possibilidade de ganho a longo prazo em função desta parceria. Porém, isso pode significar que um de vocês, ou os dois, precisará estabelecer imediatamente alguns objetivos de curto prazo.

 Não tente fazer com que o relacionamento avance neste momento. Você pode precisar dar um passo para trás por algum tempo ou ficar de boca fechada sobre um assunto fundamental. Discrição é a chave do negócio aqui.

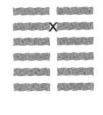 O coração de seu parceiro é sincero. Não se deixe enganar pelas aparências, já que suas ações dirão muito acerca de seu amor por você.

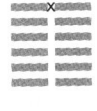 Atenção! O conflito paira no ar – atitudes passionais que causam mágoa e até mesmo possíveis acessos de raiva.

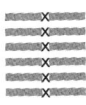 Esta é uma união celestial. Vocês provavelmente se sentem como se fossem almas gêmeas e se conhecessem desde vidas passadas.

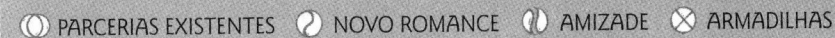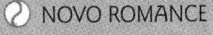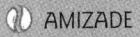

◎ PARCERIAS EXISTENTES ⚇ NOVO ROMANCE ⚇ AMIZADE ⊗ ARMADILHAS

3. Um Começo Complicado

Água
Trovão

É hora de uma revolução, de novos começos, quando você precisa ser fiel a si mesmo. Para entender aquilo por que está passando, você pode pensar em conversar sobre isso com os amigos, talvez até mesmo com um conselheiro.

Sua parceria está entrando numa nova fase, e as regras pelas quais você tem vivido agora estão mudando. Não guarde suas dúvidas para você mesmo: converse sobre elas com seu parceiro. Se não puderem chegar a um acordo, tentem alguma forma de aconselhamento conjunto.

Você escolheu um relacionamento desafiador com potencial, mas ele vai ser um pouco frágil no começo. Poderá prosperar se vocês dois forem honestos e tiverem integridade.

Isso sugere uma amizade improvável, forjada por um desejo mútuo de mudar algum aspecto de vocês mesmos. Não deixe que velhos hábitos, códigos de comportamento social nem brigas de família atrapalhem.

Relacionamentos que valem a pena podem levar tempo para florescer, assim, não desista. Entretanto, esteja preparado para descobrir algumas verdades fundamentais e desagradáveis ao longo do caminho.

LINHAS DE MUDANÇA

 Você não tem condições de lidar com esta situação sozinho. Tempo e ajuda externa resolverão os problemas neste relacionamento.

Há dificuldades em seu relacionamento atual. A oferta de ajuda da parte de uma outra pessoa, ou até uma parceria alternativa, é tentadora – mas deve ser evitada.

Este relacionamento apresenta todo tipo de problemas. Você deve considerar a hipótese de procurar em outro lugar caso queira achar a verdadeira felicidade.

É necessário ajuda se quiser que este relacionamento dê certo. Cabe a você tomar as devidas providências, já que seu parceiro não parece perceber a urgência da situação.

 Há certa falta de confiança nesta parceria. A fim de conquistar o seu parceiro, você deve dar provas de ser confiável, sincero e amável com o passar do tempo.

Às vezes, há simplesmente obstáculos demais no caminho de um relacionamento frutuoso. Em vez disso, como neste caso, seria melhor desapegar-se e partir.

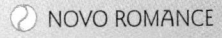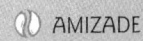

◐ PARCERIAS EXISTENTES ◑ NOVO ROMANCE ◒ AMIZADE ⊗ ARMADILHAS

4. Época de Provações

Montanha
Água

Algo se interpõe a você e ao que você quer alcançar. Você precisa perguntar a si mesmo exatamente por que você é atraído para este relacionamento e se verdadeiramente acredita que ele é o melhor para vocês. Se for, você precisará mostrar para a outra pessoa o que você tem de melhor por meio da total persistência, integridade e coerência. Só você sabe se isso é um capricho ou um amor verdadeiro.

Você está impedindo seu parceiro de realizar algo ou ele é que o está impedindo? De qualquer modo, há um medo genuíno de que, se você seguir o desejo do seu coração, perderá a outra pessoa. Discutam as coisas juntos.

Se vocês acabaram de se conhecer, ouçam cuidadosamente. Parem, reflitam e – antes de darem qualquer passo para levar este relacionamento adiante – estejam certos de seus motivos.

Uma pessoa inteligente aprende com seus próprios erros; uma pessoa sábia, com os erros dos outros. O que os seus amigos podem lhe ensinar agora? E como você pode ajudá-los a ver o que está lhes bloqueando o caminho?

O auto-engano provavelmente deve desempenhar certo papel aqui. Quem você está enganando? Lembre-se, neste caso, você será a pessoa responsável, emocional e espiritualmente.

LINHAS DE MUDANÇA

 Você pode ser tentado a usufruir muitas coisas, mas logo descobrirá que isso não traz felicidade duradoura.

 Se você se deparar com um parceiro com fraquezas que ele mesmo não consegue superar, você pode ajudá-lo a criar força interior.

 Não tente compensar as suas próprias limitações achando um parceiro que, a seu ver, tem as qualidades que você busca. Concentre-se, em vez disso, em desenvolver essas qualidades em você mesmo.

Isto é um relacionamento ou uma fantasia? Você precisa fazer um exame para ver se está a par da realidade. Pergunte para a outra pessoa o que ela sente, em vez de tirar vantagem do afeto que ela tem por você.

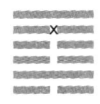 Se você entrar neste relacionamento de peito aberto e disposto a explorar novas formas de comunicação com as pessoas, você se beneficiará imensamente.

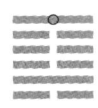 Ninguém deveria ter de agüentar um relacionamento doloroso. É hora de se defender e, se necessário, buscar apoio exterior. Dessa forma, você pode impedir que a situação se repita.

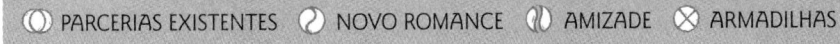 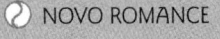() PARCERIAS EXISTENTES 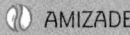 NOVO ROMANCE AMIZADE ⊗ ARMADILHAS

5. Pausa para Reflexão

Água
Céu

É hora de reflexão e cura interior. Confie em si mesmo e no universo. Você precisa desenvolver força interior, fé e a capacidade de reconhecer intuitivamente o momento certo. As circunstâncias melhorarão e em breve você estará contente por ter esperado.

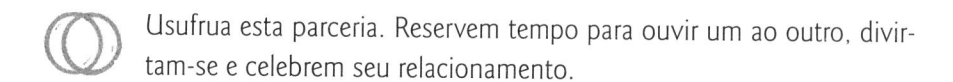

Usufrua esta parceria. Reservem tempo para ouvir um ao outro, divirtam-se e celebrem seu relacionamento.

Se você acaba de encontrar alguém, não espere que o romance floresça de imediato. A perspectiva a longo prazo é excelente, assim, relaxe e prepare-se para sua noitada favorita.

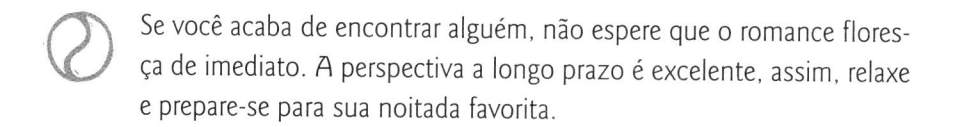

A amizade, como o bom vinho, pode levar tempo para amadurecer. Não force as coisas ainda.

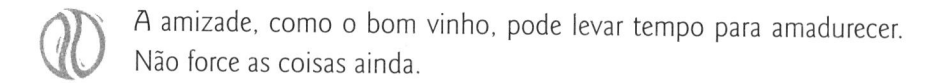

Permaneça fiel ao seu desejo original, mas não se preocupe em saber como ele poderia ser alcançado. O destino está a seu favor, assim, usufrua a expectativa da felicidade futura.

LINHAS DE MUDANÇA

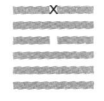 Não deixe que o medo nem o aborrecimento por não ter companhia o leve a se comprometer prematuramente com algo que não lhe é adequado.

Não entre em discussões, não critique outras pessoas nem faça alarde de suas limitações. Apenas espere e observe o que está se desenvolvendo.

Suas emoções estão tumultuando suas reações, e você mudou para o piloto automático, baseado em crenças ultrapassadas. Perceba que você está entrando numa situação difícil. Quando estiver em dúvida, não aja.

Você está numa situação difícil, que pode piorar com uma ação precipitada. Não faça nada que venha a agravar a situação.

Aprenda a viver no momento e a usufruir o relacionamento pelo que ele oferece hoje. Um estímulo emocional maior não demorará a vir, se você for paciente e não provocar nenhum conflito.

Bem no momento em que você pensa que o relacionamento está acabando, um golpe de sorte ou um acontecimento exterior altera radicalmente sua perspectiva. Reavalie a situação e veja se esse elemento novo lhe dará o que você precisa para sua satisfação emocional.

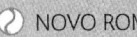 PARCERIAS EXISTENTES NOVO ROMANCE 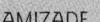 AMIZADE ARMADILHAS

6. O Embate da Paixão

Céu
Água

A comunicação é a chave para solucionar o problema. Em sua situação atual, existe a tentação de ignorar as diferenças fundamentais e avançar de qualquer maneira. É aconselhável esclarecer e solucionar todos os detalhes de seu relacionamento antes de pressionar em busca de um compromisso maior.

Vocês não estão se dando valor? Tentem reservar uma hora por semana para que cada um de vocês manifeste seus desapontamentos e trace uma estratégia para resolver quaisquer dificuldades.

Esta é uma época de provação para um novo relacionamento. Alguns problemas fundamentais precisam ser solucionados antes que a parceria possa florescer.

Qual o objetivo desta amizade? A menos que vocês estejam preparados para encontrar uma solução mutuamente aceitável, valores contraditórios podem fazer com que o relacionamento estacione.

Não ignore as diferenças e não tente passar por cima de seu parceiro. Você pode precisar da ajuda de um conselheiro para resolver seu dilema de modo bem-sucedido.

LINHAS DE MUDANÇA

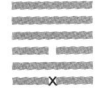 Tente deixar de fazer caso por causa de coisas sem importância sob pena de que se tornem grandes conflitos. Se você conseguir manter o equilíbrio, esta tempestade emocional passará depressa. Tente se concentrar em objetivos conjuntos a longo prazo, em vez de obstáculos a curto prazo.

 Esta é uma batalha que você provavelmente não ganhará. Não desperdice sua energia emocional numa situação tão desgastante. Seja corajoso, admita a derrota e comece a considerar suas opções. Lembre-se de que, quando uma porta se fecha, uma outra se abre.

 Apegue-se àquilo em que acredita e não deixe ninguém convencê-lo a fazer com que você mude de idéia ou altere o que planeja fazer. Você deparará o desapontamento e a frustração se alterar seus planos.

 Você se sente instável e gostaria de mudar a situação atual. Porém, se você evitar o confronto, as circunstâncias acabarão melhorando. Por ora, reserve momentos especiais para você.

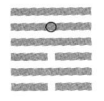 Se você sabe que está certo, então agora é hora de pedir a opinião de alguém imparcial. Seu objetivo pode ser alcançado num futuro próximo. Porém, você precisa de um pouco de orientação independente para tornar o processo menos doloroso.

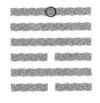 Você pode ganhar esta batalha, mas perderá a guerra. O que é mais importante: seu ego ou o relacionamento? Avalie suas prioridades e aja conformemente.

 PARCERIAS EXISTENTES 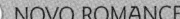 NOVO ROMANCE AMIZADE ARMADILHAS

7. Jogo de Poder

師

Terra
Água

Uma das chaves para um relacionamento bem-sucedido é ter um conjunto de objetivos mutuamente aceitáveis e claramente definidos. Quando vocês concordarem sobre esses objetivos, poderão desenvolver estratégias para os alcançar. Este é um momento para ser estratégico e se assegurar de que estão trabalhando em harmonia para desenvolver os recursos de que precisam para alcançar seus objetivos.

 Não se apresse em concordar com um plano de relacionamento para a sua parceria. Antes expresse seus desejos, vontades e necessidades. Então, aprimore seus objetivos de modo claro e realizável.

 Examine o plano de jogo da outra pessoa. Vocês estão procurando o mesmo nível de paixão e compromisso?

 Discutam como querem passar seu tempo juntos. Reavaliem os antigos padrões à luz de suas necessidades atuais.

 Será que um de vocês não tem segundas intenções neste relacionamento? Certifiquem-se de que os dois comunicam claramente o que esperam ganhar com este relacionamento – isso evitará qualquer decepção futura.

LINHAS DE MUDANÇA

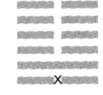 Se vocês não podem concordar em assuntos tais como compromisso, dinheiro e família, então o resultado é insatisfatório. Solte as amarras agora, antes que você se envolva ainda mais.

 Cada um de vocês tem dons e talentos únicos com que contribuir para este relacionamento. Se você despender livremente seu tempo e energia, o sucesso estará garantido. Apegue-se a ele.

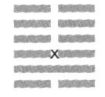 Esteja certo de que cada um de vocês sabe exatamente qual contribuição é esperada de sua parte. Se você deixar que estranhos interfiram, os problemas surgirão. Falem mais freqüentemente um com o outro e tentem ter um interesse mais vivo pelas paixões do parceiro.

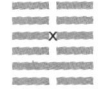 Está na hora de reavaliar seus objetivos e deixar de lado as expectativas não-realistas que possam estar pesando muito em um de vocês dois ou em ambos. Busque ajuda de fora, da parte de um conselheiro, se necessário, já que ele pode ajudar a identificar as áreas fundamentais que requerem mudança.

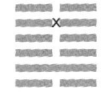 Você pode precisar examinar suas finanças, a segurança de sua casa e ter certeza de que quem quer que lhe dê conselhos é, na verdade, imparcial. Não tome as pessoas pelo seu valor nominal. Leia todas as cláusulas antes de assinar qualquer acordo.

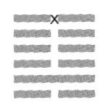 Seus objetivos iniciais são alcançados. Tenha certeza de que cada um de vocês é recompensado pelo tempo e esforço investidos. Não desperdice seu sucesso irrefletidamente, mas continue a investir no seu relacionamento.

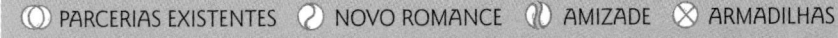
(○) PARCERIAS EXISTENTES (◐) NOVO ROMANCE (◑) AMIZADE (⊗) ARMADILHAS

8. Atração Magnética

比

Água
Terra

Há uma atração magnética forte aqui, mas é importante desenvolver o relacionamento num ritmo firme e constante. A época de fortalecer e aumentar este vínculo é agora. Confira se a outra pessoa está disponível e disposta a assumir um compromisso duradouro.

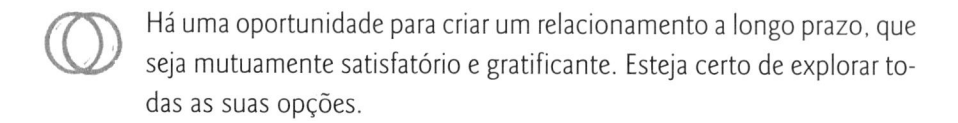 Há uma oportunidade para criar um relacionamento a longo prazo, que seja mutuamente satisfatório e gratificante. Esteja certo de explorar todas as suas opções.

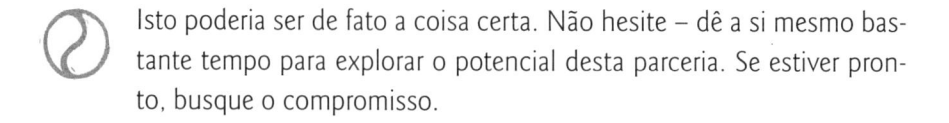 Isto poderia ser de fato a coisa certa. Não hesite – dê a si mesmo bastante tempo para explorar o potencial desta parceria. Se estiver pronto, busque o compromisso.

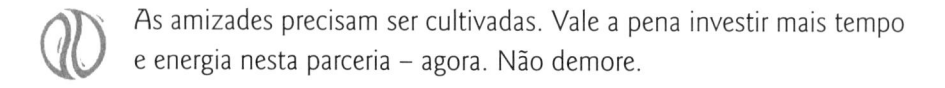 As amizades precisam ser cultivadas. Vale a pena investir mais tempo e energia nesta parceria – agora. Não demore.

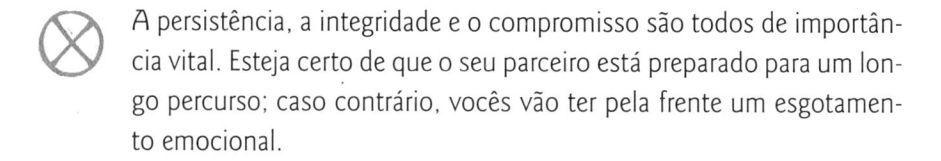 A persistência, a integridade e o compromisso são todos de importância vital. Esteja certo de que o seu parceiro está preparado para um longo percurso; caso contrário, vocês vão ter pela frente um esgotamento emocional.

LINHAS DE MUDANÇA

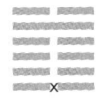 Você está prestes a ser um vencedor. Há um desejo sincero da parte do seu parceiro de fazer o relacionamento dar certo. Passem mais tempo juntos e não deixem que pequenas dificuldades assumam a dimensão de grandes problemas.

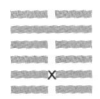 Não tente alterar seu comportamento, sua aparência nem suas roupas para fisgar o coração da outra pessoa. Ela valorizará você pelo seu verdadeiro ser. Esteja certo de que você expressa suas idéias claramente, e não fique na defensiva se o seu parceiro não concordar com seu ponto de vista.

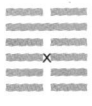 Embora haja uma atração inicial, lamentavelmente não há nenhum fundamento estável para este relacionamento. Faça com que continue a ser um relacionamento tranqüilo e permaneça aberto a outras possibilidades. Tente ampliar seu círculo de amigos e explorar outras parcerias.

 Há um vínculo mútuo e forte aqui. Não fique tentado a desconsiderá-lo. Evite explorar outros relacionamentos que possam pôr em risco o atual. Tente se comunicar mais aberta e honestamente com seu parceiro.

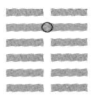 Não pressione o seu parceiro a se comprometer. Se o relacionamento tiver de florescer, isso será numa atmosfera de franqueza e flexibilidade. Paciência é crucial agora; caso contrário, você afugentará seu parceiro.

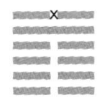 As coisas começaram com o pé esquerdo e o relacionamento nunca pode se desenvolver dessa forma. Comece a vislumbrar um novo relacionamento além. Concentre-se nas qualidades que você está buscando num parceiro e não em sua aparência exterior.

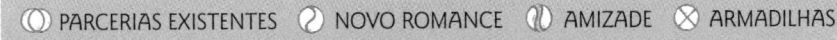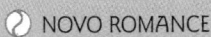 PARCERIAS EXISTENTES 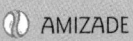 NOVO ROMANCE AMIZADE ⊗ ARMADILHAS

9. Namorico Inicial

Vento
Céu

É hora de se divertir e ser quem você é. Usufrua este relacionamento pelo que ele é neste momento, sem se aborrecer nem planejar o futuro. Simplesmente aprenda a ficar no presente e a ser grato por tudo o que tem.

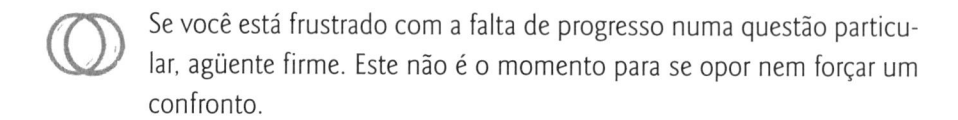

Se você está frustrado com a falta de progresso numa questão particular, agüente firme. Este não é o momento para se opor nem forçar um confronto.

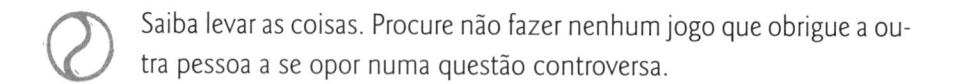

Saiba levar as coisas. Procure não fazer nenhum jogo que obrigue a outra pessoa a se opor numa questão controversa.

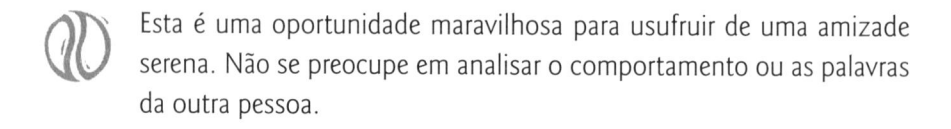

Esta é uma oportunidade maravilhosa para usufruir de uma amizade serena. Não se preocupe em analisar o comportamento ou as palavras da outra pessoa.

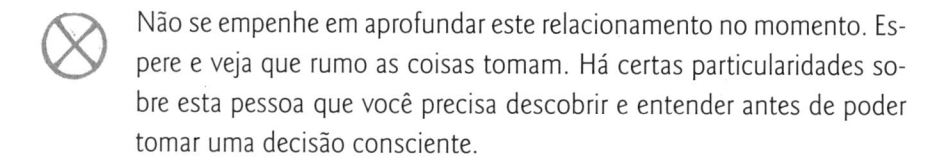

Não se empenhe em aprofundar este relacionamento no momento. Espere e veja que rumo as coisas tomam. Há certas particularidades sobre esta pessoa que você precisa descobrir e entender antes de poder tomar uma decisão consciente.

LINHAS DE MUDANÇA

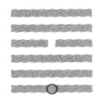 Não tenha medo de retirar um ultimato. Você descobrirá que a situação se resolve natural e automaticamente – enquanto você sai de fininho e não força seu parceiro a uma posição humilhante.

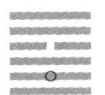 Se você estiver considerando fazer algum tipo de ultimato ou dar um prazo final, fique quieto por ora. Busque o conselho de amigos que pensem da mesma forma para encontrar um jeito melhor de lidar com a situação.

 O problema que você está considerando não é tão simples quanto imagina. Se você tentar pressionar as coisas para achar uma solução, será fortemente repelido. Procure descobrir primeiro os verdadeiros fatos e encontrar modos alternativos de resolver esta dificuldade.

 Se você estiver preocupado com o bem-estar da outra pessoa, então conseguirá levar a efeito as mudanças que procura, sem deixar de ser sincero e coerente. Paciência, persistência e compaixão são sua receita para o sucesso.

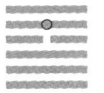 A chave para o sucesso aqui é manter-se fiel à outra pessoa em palavras e atos. Tente evitar fofocas ou conversa fiada, que poderiam ser mal interpretadas. Não fique tentado a confiar nos amigos e na família. Por ora, guarde suas opiniões para si.

 Você pode ter alcançado seu objetivo ao superar calma e persistentemente a oposição. Porém, agora não é hora de aproveitar uma oportunidade oferecida. Seja generoso e atencioso ao lidar com o parceiro.

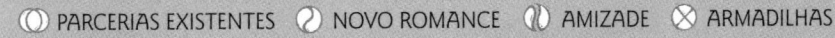 PARCERIAS EXISTENTES NOVO ROMANCE AMIZADE ⊗ ARMADILHAS

10. O Jogo da Paixão

Céu
Lago

Você pegaria um tigre pela cauda e puxaria forte? Não, a menos que o seu instinto de sobrevivência estivesse fora de forma. Esta não é a hora de agir: ou o problema não pode ser resolvido agora ou a pessoa envolvida não tem o menor interesse em mudar a situação.

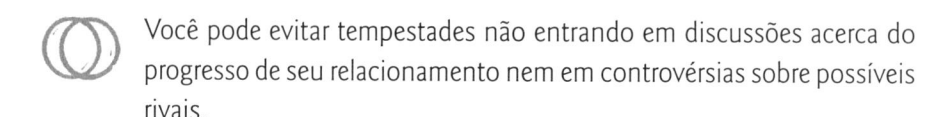 Você pode evitar tempestades não entrando em discussões acerca do progresso de seu relacionamento nem em controvérsias sobre possíveis rivais.

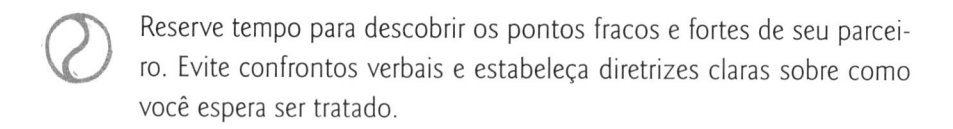 Reserve tempo para descobrir os pontos fracos e fortes de seu parceiro. Evite confrontos verbais e estabeleça diretrizes claras sobre como você espera ser tratado.

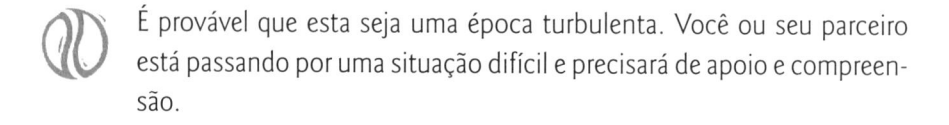 É provável que esta seja uma época turbulenta. Você ou seu parceiro está passando por uma situação difícil e precisará de apoio e compreensão.

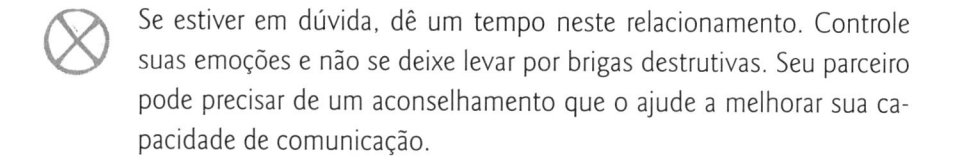 Se estiver em dúvida, dê um tempo neste relacionamento. Controle suas emoções e não se deixe levar por brigas destrutivas. Seu parceiro pode precisar de um aconselhamento que o ajude a melhorar sua capacidade de comunicação.

LINHAS DE MUDANÇA

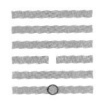 Se você se aferrar a seus princípios e desenvolver o relacionamento lentamente, tirará o máximo proveito desta parceria. Usufrua o momento e não tente agir de acordo com a reação de seu parceiro às situações.

 Não exija demais da outra pessoa no que concerne ao seu tempo e energia. Se o relacionamento tiver de prosperar, essas coisas seguirão seu próprio ritmo. Seja paciente e procure não ser possessivo nem exigente.

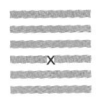 Ou você não dispõe dos verdadeiros fatos ou as suas emoções estão turvando o seu juízo. Tente esperar o momento propício se não quiser se decepcionar. Um amigo ou um membro da família pode lançar mais luzes sobre a situação.

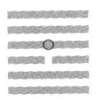 Você tem à frente um problema genuíno, mas não tem recursos emocionais e sociais suficientes para solucioná-lo de maneira bem-sucedida. Busque a ajuda dos amigos ou da família. Lembre-se de situações no passado em que você superou obstáculos semelhantes.

 Você sabe que a sua situação está repleta de dificuldades, mas você está determinado a persistir, colocando em prática um plano de ação. Seja forte e confie em seus instintos.

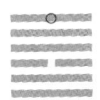 Se você sempre agiu com honestidade e integridade, desfrutará das recompensas de um relacionamento satisfatório e enriquecedor. Qualquer tentativa de enganar seu parceiro só trará prejuízos a você.

PARCERIAS EXISTENTES NOVO ROMANCE AMIZADE ARMADILHAS

11. Harmonia Emocional

Terra
Céu

Um momento maravilhoso para usufruir e aprofundar qualquer relacionamento – quando cada impulso e desejo seu parece estar em sintonia com os da outra pessoa. Você pode criar um novo nível de intimidade e também proporcionar ao outro o apoio emocional necessário para alcançar seus objetivos materiais.

Celebre sua união de novas formas. Explore todas as possibilidades neste relacionamento. Que seus sonhos se realizem.

Um começo mágico para o seu relacionamento. Você terá a oportunidade de crescer e aprender, enquanto desfruta da paixão e do amor.

A verdadeira amizade pode florescer e crescer agora. Há uma profunda compreensão intuitiva e disposição para apoiar um ao outro em qualquer caminho que escolherem.

Aproveite ao máximo esta fase enquanto ela existe. Não espere que esse período de lua-de-mel dure para sempre. Aprenda a aproveitar o momento e a aumentar sua paixão pela vida.

LINHAS DE MUDANÇA

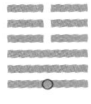 Use este período de estabilidade emocional como uma plataforma de lançamento para melhorar todos os seus relacionamentos, particularmente os relacionamentos com os membros da família, que podem ter estado sob tensão. Você pode estender uma mão amiga às pessoas que no passado pareceram distantes e frias.

 Faça um esforço para partilhar seus bons sentimentos com os amigos e a família. Se eles precisarem de apoio e ajuda, abra seu coração a eles. Este é um momento para ser mais sociável e para mostrar como você pode ser atencioso com os que passam por necessidade.

 Continue trabalhando no seu relacionamento. Seja grato por este período maravilhoso, mas compreenda que você ainda precisa investir tempo e energia neste relacionamento para mantê-lo neste ritmo. Os resultados valerão a pena e acrescentarão vitalidade à parceria.

 Você pode acabar desempenhando o papel do professor. Partilhe suas experiências livremente com os outros e observe as reações deles para aumentar sua compreensão das relações.

 Esta é uma época de grande felicidade, satisfação e apoio. Olhe além das circunstâncias exteriores das pessoas e se ligue ao potencial delas. Você tem uma ótima oportunidade para o contentamento, a calma e a criatividade.

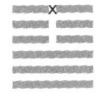 Este período de harmonia está chegando à sua conclusão natural. Se você tentar prolongá-lo, fracassará. Sinta-se grato por ter sido abençoado com a dádiva de uma época de partilha tão maravilhosa.

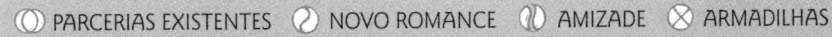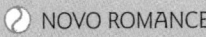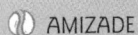 PARCERIAS EXISTENTES 　 NOVO ROMANCE 　 AMIZADE 　 ARMADILHAS

12. Tentação

Céu
Terra

Ao contrário do que se vê superficialmente, este não é o momento para investir num novo relacionamento nem aceitar uma oferta de amizade. Seria muito melhor canalizar sua energia e apoio em outra direção.

A questão fundamental aqui é a confiança. Siga sua intuição – se você ficar intrigado com alguma tendência oculta ou suspeitar que tudo não é o que parece, siga seu instinto.

Esta é uma situação do tipo pegar ou largar. Algo sobre este relacionamento o está prendendo, mas sua voz interior está aconselhando precaução. Dê ouvidos ao que seus sentimentos lhe dizem.

Uma oferta de ajuda ou a apresentação a uma certa pessoa não é o que parece. Quando em dúvida, não confie nos outros.

Este definitivamente é um período para guardar para si seus pensamentos e idéias. Porém, por mais atraentes que as idéias ou ofertas de outras pessoas pareçam na superfície, elas não são adequadas para você, e poderiam levar a problemas de ordem prática e emocional.

LINHAS DE MUDANÇA

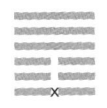 É melhor sair de fininho desta situação. Você achará ajuda e apoio de uma fonte inesperada. Uma pessoa mais velha pode fornecer a pista de que você necessita para entender este quebra-cabeça emocional.

 Embora a situação pareça desfavorável, ao se apegar a seus ideais e não se deixar levar para águas emocionais turbulentas, você só tem a ganhar. Mantenha sua própria deliberação sobre este assunto e não dê ouvidos a fofocas.

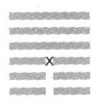 A pessoa que o está tentando com falsas promessas está começando a mudar de atitude. A situação está melhorando gradualmente e você se sentirá feliz por não ter se prendido a uma situação insustentável.

 Você está começando a pensar em que mudanças gostaria de implementar no relacionamento. Siga seu coração e você encontrará alguém para partilhar sua visão.

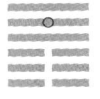 Agora que você evitou comprometer os seus princípios, o caminho à frente é claro. Porém, não despreze a cautela. Tome cada decisão de maneira cuidadosa e ponderada e evite chegar a conclusões apressadas.

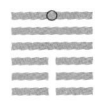 A oferta adequada chega para encerrar este período de tentação. Você pode ver claramente o valor desta nova abordagem. Ela traz realização e paz. Agarre-a com unhas e dentes.

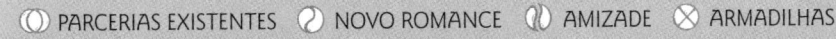 PARCERIAS EXISTENTES  NOVO ROMANCE 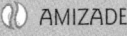 AMIZADE ARMADILHAS

13. Potencial da Alma

Céu
Chama

Este é um momento para cultivar com carinho uma profunda ligação anímica com uma outra pessoa. Você pode ajudá-la a perceber seu verdadeiro potencial e o que a torna especial. Juntos, vocês podem criar um relacionamento mutuamente satisfatório, que pode ser a base do seu sucesso no mundo. Porém, você precisa ser totalmente honesto consigo mesmo e com a outra pessoa sobre quaisquer obstáculos existentes em sua parceria.

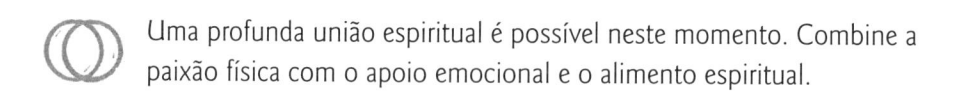 Uma profunda união espiritual é possível neste momento. Combine a paixão física com o apoio emocional e o alimento espiritual.

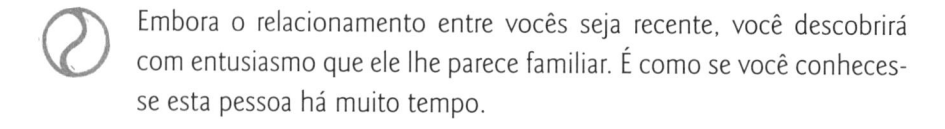 Embora o relacionamento entre vocês seja recente, você descobrirá com entusiasmo que ele lhe parece familiar. É como se você conhecesse esta pessoa há muito tempo.

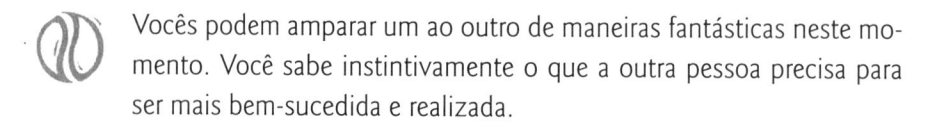 Vocês podem amparar um ao outro de maneiras fantásticas neste momento. Você sabe instintivamente o que a outra pessoa precisa para ser mais bem-sucedida e realizada.

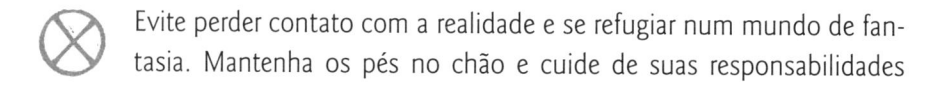 Evite perder contato com a realidade e se refugiar num mundo de fantasia. Mantenha os pés no chão e cuide de suas responsabilidades

quanto a coisas materiais. Tenha certeza de que a outra pessoa está sendo honesta e franca, e procure averiguar se ela não está envolvida com alguém mais.

LINHAS DE MUDANÇA

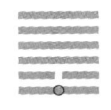 É muito importante ser aberto e honesto. Escute o que a outra pessoa tem a dizer. Não pense que, por ter sentimentos tão fortes, você pode ignorar os obstáculos práticos ao seu relacionamento.

 Não desista dos amigos nem da família. Embora este relacionamento seja passional, você precisa manter o equilíbrio emocional e a lucidez. Se precisar de tempo para si mesmo, reserve-o sem se sentir culpado.

 A situação está cheia de problemas. Um de vocês (ou ambos) está trazendo problemas emocionais do passado, e isso está atrapalhando sua parceria.

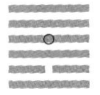 Embora haja barreiras a este relacionamento, vocês dois estão preparados para enfrentar os problemas. O sucesso está à vista, se cada qual puder agir com franqueza, lealdade e integridade.

 Apesar da pilha de problemas, você continua fiel ao desejo do seu coração. Juntos, vocês deparam e superam todo obstáculo em seu caminho. O sucesso é assegurado em tempo.

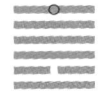 A completa união da mente, do corpo e da alma não é possível para os seres humanos comuns. Porém, você pode consolidar o clima de cumplicidade que vocês têm neste relacionamento – ele está repleto de belas lembranças.

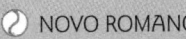 PARCERIAS EXISTENTES 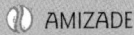 NOVO ROMANCE AMIZADE ⊗ ARMADILHAS

14. Êxtase

Chama
Céu

Esta é uma oportunidade excelente para você abrir seu coração e descobrir um sentido novo da paixão – uma época para partilhar sua satisfação emocional com aqueles que o cercam. Você pode ajudá-los a superar as desilusões do passado, oferecendo-lhes agora amor e apoio.

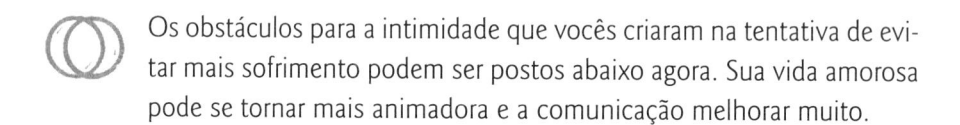 Os obstáculos para a intimidade que vocês criaram na tentativa de evitar mais sofrimento podem ser postos abaixo agora. Sua vida amorosa pode se tornar mais animadora e a comunicação melhorar muito.

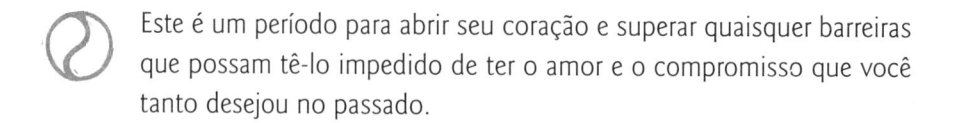 Este é um período para abrir seu coração e superar quaisquer barreiras que possam tê-lo impedido de ter o amor e o compromisso que você tanto desejou no passado.

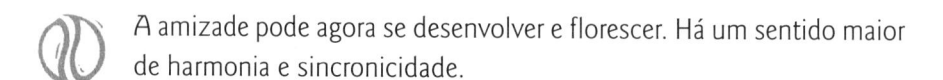 A amizade pode agora se desenvolver e florescer. Há um sentido maior de harmonia e sincronicidade.

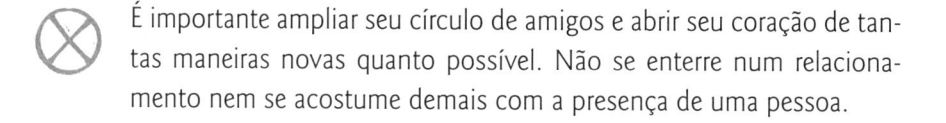 É importante ampliar seu círculo de amigos e abrir seu coração de tantas maneiras novas quanto possível. Não se enterre num relacionamento nem se acostume demais com a presença de uma pessoa.

LINHAS DE MUDANÇA

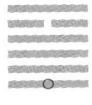 Há problemas a ser enfrentados e seria útil discutir aberta e calmamente as questões que podem gerar conflito. Reserve mais tempo para o diálogo.

 Você tem o apoio da família e dos amigos. Certifique-se de pedir a ajuda deles sempre que precisar de alguém para solucionar os seus problemas. Não deixe que o orgulho o impeça de pedir apoio.

 Não tire proveito da pessoa que você diz amar. Quanto mais aberto e amável você é, mais apoio e carinho recebe. Lembre-se: você colhe o que semeia.

 Você pode ter de enfrentar o ciúme ou um rival que tente interferir no seu relacionamento. Não se deixe arrastar a discussões sobre estranhos. Permaneça fiel a seus próprios valores e sentimentos.

 De algum modo, você é visto como um modelo de comportamento. Seu relacionamento é examinado de perto pelos outros. Permaneça fiel a si mesmo todo o tempo. Se você trair os seus princípios, haverá um efeito-dominó no que concerne a sofrimento e traumas.

 Este é um momento verdadeiramente mágico, quando os seus relacionamentos podem florescer e você pode se ligar natural e intensamente às pessoas de diferentes áreas. Celebre e aproveite suas bênçãos agora.

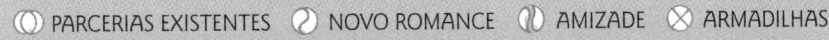 PARCERIAS EXISTENTES NOVO ROMANCE AMIZADE ⊗ ARMADILHAS

15. Restabelecer o Equilíbrio

Terra
Montanha

Há necessidade de restabelecer o equilíbrio e a harmonia em seu relacionamento. Examine todos os aspectos de sua parceria. Se sua vida sexual estiver estagnada, seja mais inventivo. Se falta diálogo, crie oportunidades para conversar. Certifique-se de cuidar de você mesmo como um todo. Atente para a sua saúde física, para seu bem-estar emocional e para as suas necessidades espirituais.

Você passou a adotar sem perceber padrões inconscientes de comportamento que o deixam debilitado? Crie mais tempo para vocês dois. Tente equilibrar a necessidade de cuidar da família, dos amigos e das finanças com a necessidade de cuidarem um do outro.

Se a atração for puramente sexual, procure conhecer melhor a outra pessoa. Aprenda a partilhar seus pensamentos, sentimentos e objetivos. Se o relacionamento for puramente platônico, acrescente um toque de paixão.

Esteja certo de que cada pessoa está se sentindo realizada nesta amizade. Aproveite seus passeios juntos, as atividades prediletas que realizam, bem como a partilha dos sentimentos.

Se não restabelecer o equilíbrio em sua vida, você criará tensão desnecessária. Para ser saudável, você precisa alimentar sua mente, seu corpo e seu espírito.

LINHAS DE MUDANÇA

 Quando você tiver restabelecido o equilíbrio e a harmonia em sua vida, poderá contornar qualquer problema fácil e rapidamente. Você pode ter sucesso mais facilmente do que imagina.

 Você poderá alcançar seu objetivo se recuperar seu senso de equilíbrio. Uma nova perspectiva em seu relacionamento estará à vista.

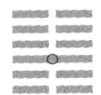 Até mesmo quando um relacionamento está indo bem, é importante permanecer alerta e se assegurar de que todos os aspectos da parceria estejam sendo considerados. Reserve tempo para comunicar suas necessidades e sentimentos.

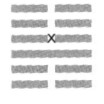 Não se torne obsessivo com a idéia de manter o equilíbrio. Lembre-se de acrescentar senso de humor, espontaneidade e mistério ao relacionamento. Viagens, novas atividades e bons momentos ao ar livre só trarão benefícios agora.

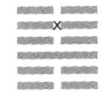 Você pode precisar tomar a iniciativa para restabelecer o equilíbrio nesta parceria. Seja resoluto e determinado em sua abordagem. O sucesso está logo ali, virando a esquina.

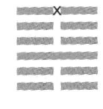 Assuma a responsabilidade pelo seu próprio bem-estar. Se há limitações no relacionamento, lembre-se de que você ajudou a criá-las. Pense nas mudanças que podem ser necessárias para tornar a parceria mais satisfatória.

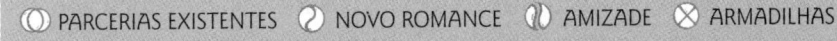 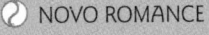 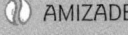

PARCERIAS EXISTENTES   NOVO ROMANCE   AMIZADE   ARMADILHAS

16. O Despertar

Trovão
Terra

Mostre entusiasmo, independentemente da pessoa com quem esteja e do que você esteja fazendo, já que este é o momento de seguir seu coração. Expresse-se livremente em palavras, em gestos – até em canções. Mais importante de tudo, mexa-se. Use todos os aspectos de seu ser para criar aquele vínculo especial com uma pessoa amada ou um amigo.

 Tempere o seu relacionamento com um pouco de comicidade, roupas íntimas sensuais, canções românticas ou uma mudança no cenário. Vão dançar, façam massagens um no outro ou tenham uma briga de travesseiros. Brinquem e se divirtam.

 Sinta a satisfação de descobrir novas facetas da pessoa amada tomando vinho e jantando, cantando e dançando, rindo e brincando. Seja espontâneo.

 Estimule esta amizade. Acrescente um pouco de entusiasmo e vitalidade nos encontros cotidianos. Tente um novo esporte, vá a um concerto, aprenda a dançar ou visite uma academia. Mexa-se.

 Não se desgaste fazendo exercícios físicos a que não está acostumado. Tenha certeza de não exagerar no hedonismo nem contrair o vício de se deixar arrebatar por impulsos sexuais momentâneos.

LINHAS DE MUDANÇA

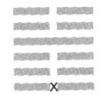 Esteja certo de que seu parceiro ou seu pretendente apresenta o mesmo comprimento de onda. Não faça exigências de ordem sexual a quem preferiria uma relação platônica.

 O segredo do sucesso é o senso de oportunidade. Há uma época para a paixão e uma época para a lógica. Escolha o momento certo para o seu encontro.

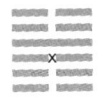 Aqui há um medo oculto, que pode resultar numa oportunidade perdida. Enfrente os seus medos, supere-os e aproveite o momento certo. Se você está hesitando quanto a chamar alguém para sair, deixe de lado o nervosismo e vá em frente. Você terá uma agradável surpresa com os resultados.

 Você pode usufruir desse momento de exuberância, de diversão e paixão com pessoas que pensam da mesma forma. Sua vida social floresce e você atrai mais admiradores do que o habitual.

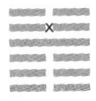 Algo ou alguém está bloqueando a sua capacidade para expressar sua paixão. Isso é uma boa coisa, já que evitará que abusem dos seus sentimentos. Procure guardar seus pensamentos mais íntimos para si mesmo neste momento.

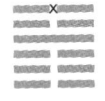 Você tem a oportunidade de ver uma antiga paixão sob uma nova luz. Não faça um julgamento severo demais de si mesmo se perceber que erros foram cometidos. Depois que você aprendeu a lição, pode seguir em frente rumo a relacionamentos mais gratificantes.

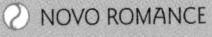 PARCERIAS EXISTENTES 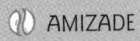 NOVO ROMANCE AMIZADE ⊗ ARMADILHAS

17. Seguir o Fluxo

Lago
Trovão

Esta é a época de seguir sua intuição e deixar a vida fluir. Imagine-se como um "surfista das emoções" na crista das ondas e mantendo o equilíbrio à medida que elas diminuem. A aceitação de si mesmo e o perdão o ajudarão a permanecer equilibrado.

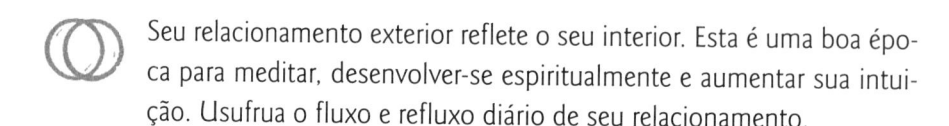 Seu relacionamento exterior reflete o seu interior. Esta é uma boa época para meditar, desenvolver-se espiritualmente e aumentar sua intuição. Usufrua o fluxo e refluxo diário de seu relacionamento.

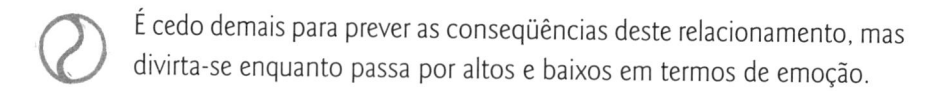 É cedo demais para prever as conseqüências deste relacionamento, mas divirta-se enquanto passa por altos e baixos em termos de emoção.

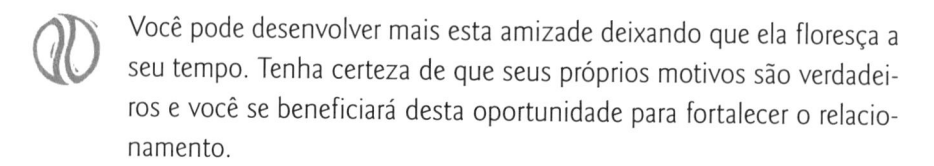 Você pode desenvolver mais esta amizade deixando que ela floresça a seu tempo. Tenha certeza de que seus próprios motivos são verdadeiros e você se beneficiará desta oportunidade para fortalecer o relacionamento.

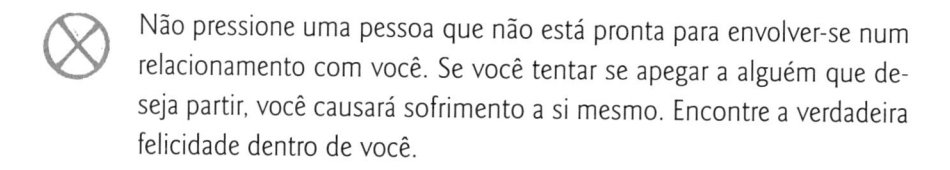 Não pressione uma pessoa que não está pronta para envolver-se num relacionamento com você. Se você tentar se apegar a alguém que deseja partir, você causará sofrimento a si mesmo. Encontre a verdadeira felicidade dentro de você.

LINHAS DE MUDANÇA

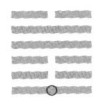 Não feche as portas para o mundo. Você pode consolidar esta parceria evitando se isolar dos amigos ou da família. Faça planos para ver os amigos regularmente – não deixe seus encontros ao acaso.

 Seus amigos partilham seus interesses? Está na hora de criar mais vínculos com pessoas que partilhem suas paixões e interesses. Se for necessário, conheça lugares, grupos ou cursos diferentes, já que isso ajudará a ampliar seu círculo social.

 À medida que desenvolver novas amizades com pessoas que pensam da mesma forma, velhos amigos aos poucos vão se afastar de você. Aceite com serenidade este processo natural de mudança.

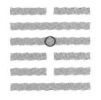 Será que a base deste relacionamento é a verdadeira amizade e o respeito? Certifique-se de que seu parceiro retribui sua sinceridade e integridade; caso contrário, você está criando condições para a estagnação emocional.

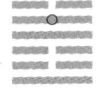 É tempo de usufruir suas bênçãos. Os amigos sinceros e o parceiro podem ajudá-lo a tirar o máximo proveito da vida. Sinta a satisfação de se concentrar no momento.

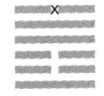 Você pode ter concluído que não tinha tempo para romances nem para fazer mais amizades, mas esta nova pessoa na sua vida fará você mudar de idéia. Aproveite a oportunidade de dividir sua vida com alguém que entenda como você é interiormente.

 PARCERIAS EXISTENTES   NOVO ROMANCE   AMIZADE 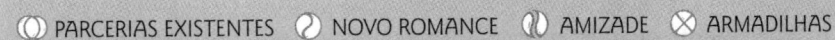 ARMADILHAS

18. O Espaço da Cura

Montanha
Vento

Este é o momento para olhar dentro de si mesmo e descobrir por que você não atraiu para a sua vida o amor, o apoio e o cuidado que busca. É uma oportunidade ótima para liberar os padrões de pensamento obsoletos e negativos e as crenças limitadoras. Lembre-se – você merece amar e ser amado pelo que você é, não pelo que faz.

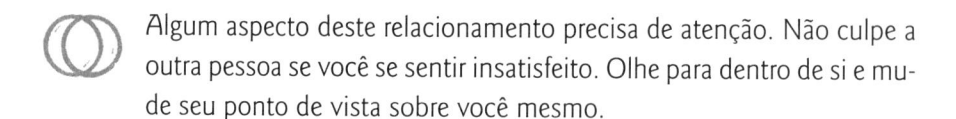 Algum aspecto deste relacionamento precisa de atenção. Não culpe a outra pessoa se você se sentir insatisfeito. Olhe para dentro de si e mude seu ponto de vista sobre você mesmo.

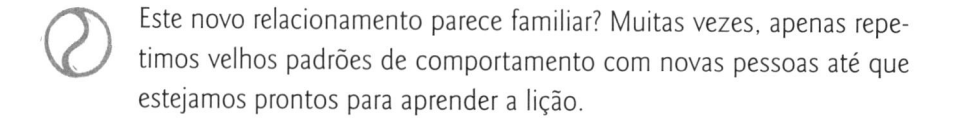 Este novo relacionamento parece familiar? Muitas vezes, apenas repetimos velhos padrões de comportamento com novas pessoas até que estejamos prontos para aprender a lição.

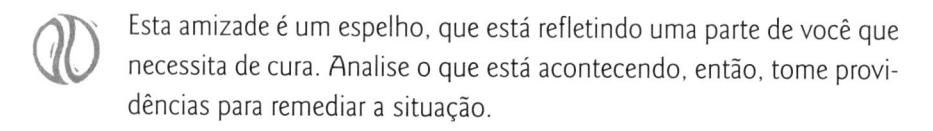 Esta amizade é um espelho, que está refletindo uma parte de você que necessita de cura. Analise o que está acontecendo, então, tome providências para remediar a situação.

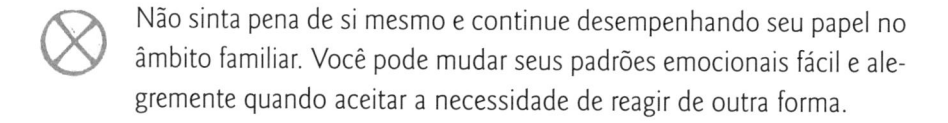 Não sinta pena de si mesmo e continue desempenhando seu papel no âmbito familiar. Você pode mudar seus padrões emocionais fácil e alegremente quando aceitar a necessidade de reagir de outra forma.

LINHAS DE MUDANÇA

 Aprendemos modelos de felicidade com nossos pais. Está na hora de rever o que e quem o faz feliz. Você tem uma chance de aumentar sua capacidade para ser feliz.

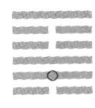 Você tem feito o papel de mãe para o seu companheiro ou amigo? Você precisa desenvolver um relacionamento mais equânime e de apoio mútuo. Seja gentil com a outra pessoa, já que ela pode precisar de tempo para se adaptar.

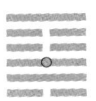 Em sua ânsia de melhorar seu relacionamento, você fez um ultimato. Você conseguiu o que queria, mas tudo teria sido mais fácil se você tivesse sido mais delicado.

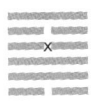 Você está ignorando os sinais de alerta neste relacionamento. Se continuar a evitar este problema, ele causará a você muito sofrimento. Preste mais atenção a quaisquer sentimentos de que as coisas não vão bem.

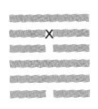 Você identificou um problema fundamental neste relacionamento, mas se sente incapaz de resolvê-lo sozinho. Busque a ajuda da família, dos amigos ou de um conselheiro. Seja gentil com você mesmo à medida que embarca no processo de autodescoberta.

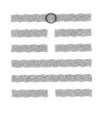 Este é um momento de desenvolvimento interior. Quer esteja ou não num relacionamento, você pode explorar novas maneiras de ser mais amoroso e atento com relação aos que estão à sua volta. Divirta-se enquanto sonda as profundezas e explora as alturas do seu ser interior.

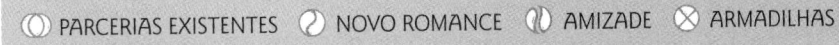 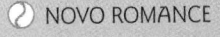PARCERIAS EXISTENTES 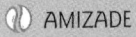NOVO ROMANCE 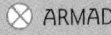AMIZADE ⊗ ARMADILHAS

19. A Janela das Oportunidades

Terra
Lago

Há uma oportunidade para iniciar relacionamentos esplêndidos e acrescentar profunda emoção aos que já existem. Procure usar este momento para assentar fundações sólidas que resistirão aos tempos ruins assim como aos bons.

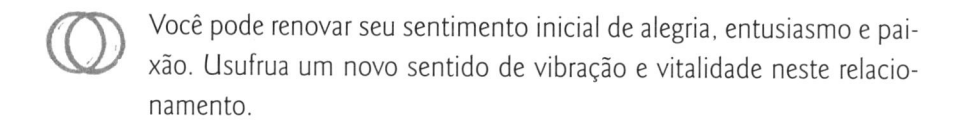

Você pode renovar seu sentimento inicial de alegria, entusiasmo e paixão. Usufrua um novo sentido de vibração e vitalidade neste relacionamento.

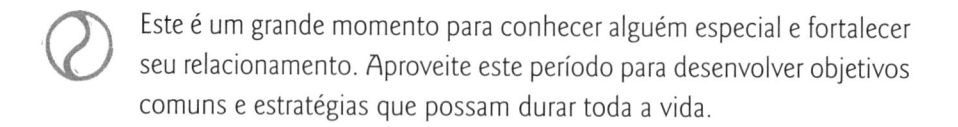

Este é um grande momento para conhecer alguém especial e fortalecer seu relacionamento. Aproveite este período para desenvolver objetivos comuns e estratégias que possam durar toda a vida.

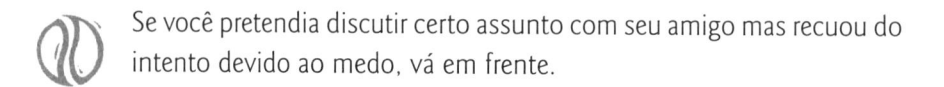

Se você pretendia discutir certo assunto com seu amigo mas recuou do intento devido ao medo, vá em frente.

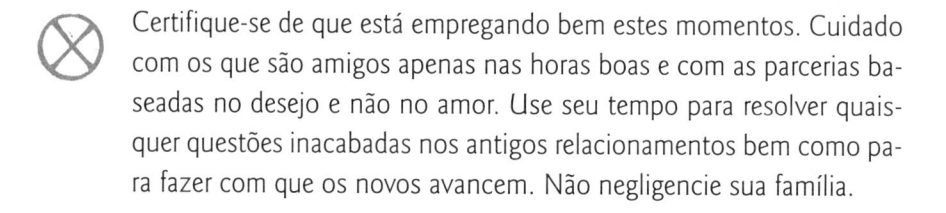

Certifique-se de que está empregando bem estes momentos. Cuidado com os que são amigos apenas nas horas boas e com as parcerias baseadas no desejo e não no amor. Use seu tempo para resolver quaisquer questões inacabadas nos antigos relacionamentos bem como para fazer com que os novos avancem. Não negligencie sua família.

LINHAS DE MUDANÇA

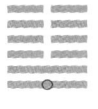 Sua popularidade está aumentando e você se sente mais atraente e sociável. Usufrua essa sensação, mas seja criterioso ao selecionar seus amigos íntimos e seu parceiro. É um ótimo momento para se juntar a seu círculo de amigos e explorar novas atividades que aumentem seu prazer de viver.

 Tenha respeito por si mesmo e se dê valor; assim, as pessoas que você atrai para a sua vida aumentarão seu bem-estar emocional e sua vitalidade física. Se necessário, busque aconselhamento para aumentar sua auto-estima e aprender a se libertar de antigas mágoas.

 Não faça jogos de poder com quem ama, nem lhes despreze o amparo. Se você fizer isso, perderá o respeito deles. Em vez disso, cuide em aumentar sua própria confiança e força interior.

 Este é o momento de mostrar seu lado amoroso e atencioso. Você pode criar um círculo de amigos cheio de calor humano e apoio mútuo. Gaste mais tempo nas suas relações pessoais e concentre-se menos em problemas materiais.

 Certo discernimento e um nível maior de desapego o ajudarão a aumentar seu bem-estar emocional. Se for necessário, faça um curso de desenvolvimento pessoal, busque ajuda de um conselheiro ou passe mais tempo ao ar livre, num ambiente natural.

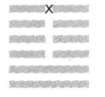 Você aprendeu as lições de amor do modo mais difícil – através da tentativa e erro. Agora você pode usufruir os benefícios de sua experiência emocional. Qualquer relacionamento que você tenha no presente pode se beneficiar de sua compaixão e entendimento cada vez maiores.

 PARCERIAS EXISTENTES   NOVO ROMANCE   AMIZADE   ARMADILHAS

20. Meditação

Vento
Terra

Você fez tudo o que era necessário para tirar proveito de sua situação atual. Agora sente-se, passe algum tempo relaxando e se concentrando em desenvolver o desapego. Se você foi fiel a si mesmo, passará neste teste tranqüilamente.

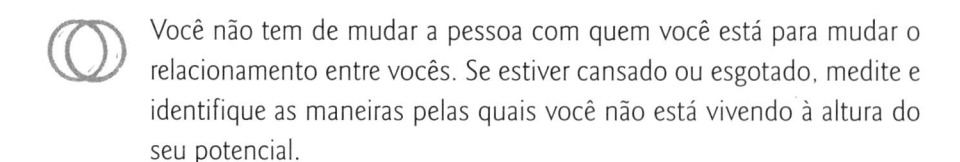 Você não tem de mudar a pessoa com quem você está para mudar o relacionamento entre vocês. Se estiver cansado ou esgotado, medite e identifique as maneiras pelas quais você não está vivendo à altura do seu potencial.

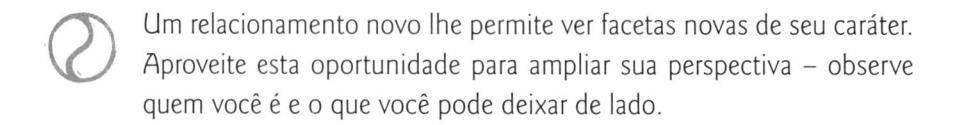 Um relacionamento novo lhe permite ver facetas novas de seu caráter. Aproveite esta oportunidade para ampliar sua perspectiva – observe quem você é e o que você pode deixar de lado.

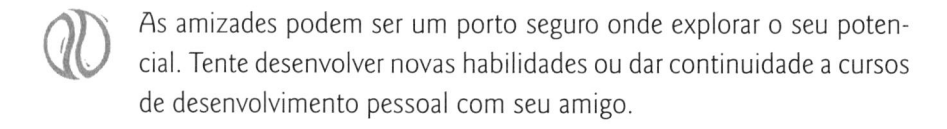 As amizades podem ser um porto seguro onde explorar o seu potencial. Tente desenvolver novas habilidades ou dar continuidade a cursos de desenvolvimento pessoal com seu amigo.

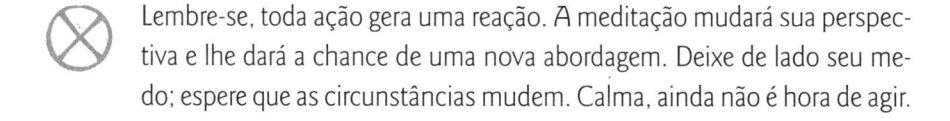 Lembre-se, toda ação gera uma reação. A meditação mudará sua perspectiva e lhe dará a chance de uma nova abordagem. Deixe de lado seu medo; espere que as circunstâncias mudem. Calma, ainda não é hora de agir.

LINHAS DE MUDANÇA

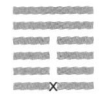 Você recentemente deparou uma fonte de introvisão e sabedoria, mas a está ignorando. Reserve tempo para aprender mais sobre essa abordagem alternativa – assim, você poderá torná-la parte da sua vida.

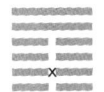 Introspecção demais pode ser prejudicial se simplesmente alimentar o ego. Recupere certo sentido de perspectiva sobre sua vida e problemas. Reconheça as bênçãos que você tem.

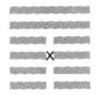 Você percebe que é o criador de sua própria realidade. Está na hora de ter pensamentos mais elevados e amorosos, para que você possa atrair mais satisfação para sua vida. Visualize o relacionamento que você busca, acredite que merece essa parceria e abra seu coração para dar as boas-vindas à pessoa certa na sua vida.

 Não caia no erro de desempenhar um papel no drama de outras pessoas. Concentre-se em desenvolver seu próprio potencial e deixe que os outros achem o seu próprio caminho. Seja coerente, desapegado e tenha discernimento.

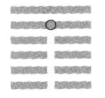 Você tem o potencial para inspirar e curar seus familiares e parceiros. Seja fiel a si mesmo e continue desenvolvendo seus dons. Não se aparte do mundo exterior enquanto estiver neste período de introspecção.

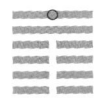 Você sabe a importância de se concentrar em pensamentos de amor e de otimismo. Procure ter certeza de que todas as suas ações refletem seus valores mais elevados.

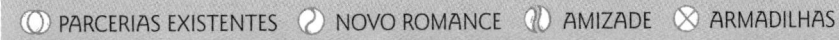 (O) PARCERIAS EXISTENTES   NOVO ROMANCE   AMIZADE   ARMADILHAS

21. Transpor Obstáculos

Chama
Trovão

Há um obstáculo que impede este relacionamento de florescer, e ele não pode ser superado por meras palavras nem por atitudes precipitadas. Em vez disso, precisa ser abordado por meio de uma série de medidas lógicas e calculadas.

Você pode melhorar esta parceria imensamente, identificando e abordando com calma e firmeza os problemas que vocês partilham. Vocês precisam encontrar uma estratégia para resolver o problema.

O caminho à frente está temporariamente bloqueado. Procurem se informar dos fatos e então cheguem a um acordo sobre um plano de ação para superar as dificuldades.

Esta amizade está enfraquecida no momento. Ela pode ser resgatada com franqueza e sinceridade, e só se ambas as partes estiverem dispostas a mudar.

Diante de um obstáculo freqüentemente fugimos por medo ou temos atitudes exageradas em função da raiva. O problema aqui pode ser superado, mas só se você combinar lógica e intuição com positividade.

LINHAS DE MUDANÇA

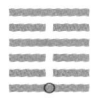 Esta situação é facilmente resolvida por meio de uma ação rápida e firme. Você pode impedir que o problema se torne difícil demais se ocupando dele agora. Visualize o resultado que você deseja e então trabalhe nas medidas necessárias ao sucesso. Não protele, já que o momento de resolver este problema é agora.

 Quando as pessoas ficam com raiva, elas tendem a agir de modo exagerado. Porém, a raiva indica que alguém o magoou profundamente, de modo que é melhor expressar seus sentimentos do que permanecer passivo. Pode ser útil canalizar uma parte de sua energia para atividades físicas tais como t'ai chi ou para atividades criativas como pintura ou escrita.

 Este é um problema difícil de resolver, já que a outra pessoa pode não estar disposta a aceitar a responsabilidade pelas suas ações, e tentar pôr a culpa em você. Aferre-se às suas convicções.

 Há obstáculos concretos a este relacionamento. Estes podem ser resolvidos com o passar do tempo, se você estiver preparado para se empenhar consideravelmente e persistir apesar de quaisquer entraves que possam ocorrer.

 Para transpor este obstáculo, você precisa assumir o quinhão de responsabilidade que lhe cabe. Mude sua atitude e você terá condições de descobrir que providências serão necessárias para melhorar as coisas.

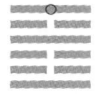 Você parece pouco disposto a reconhecer as barreiras que depara. Se você continuar a ignorá-las, elas aumentarão. Procure alguém em quem confie e expresse suas frustrações. Ao exteriorizar sua angústia, você poderá começar a descobrir a fonte do problema e (o que é mais importante) um modo de superar essa situação negativa.

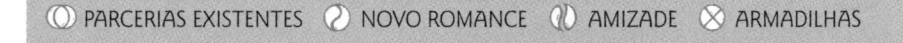

⟨◐⟩ PARCERIAS EXISTENTES   ⟨◑⟩ NOVO ROMANCE   ⟨◐⟩ AMIZADE   ⊗ ARMADILHAS

22. Examine os Aspectos Básicos

Montanha
Chama

À primeira vista, este relacionamento parece ter uma grande quantidade de fatores positivos. Há uma atração natural e você sente certo bem-estar na companhia desta pessoa. Porém, você precisa pesar as coisas para descobrir se vocês são compatíveis nos aspectos mais fundamentais. Vocês partilham os mesmos objetivos, por exemplo?

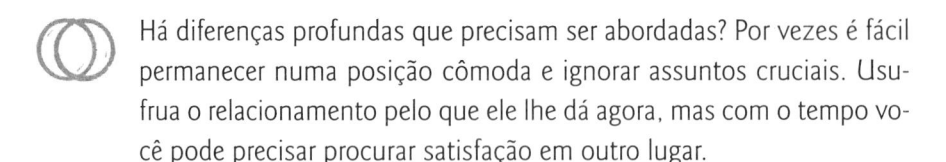 Há diferenças profundas que precisam ser abordadas? Por vezes é fácil permanecer numa posição cômoda e ignorar assuntos cruciais. Usufrua o relacionamento pelo que ele lhe dá agora, mas com o tempo você pode precisar procurar satisfação em outro lugar.

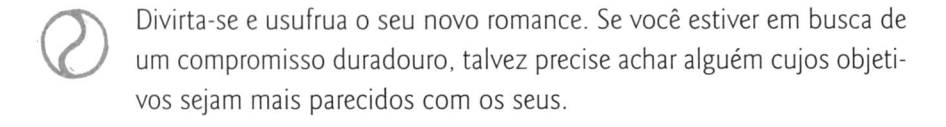 Divirta-se e usufrua o seu novo romance. Se você estiver em busca de um compromisso duradouro, talvez precise achar alguém cujos objetivos sejam mais parecidos com os seus.

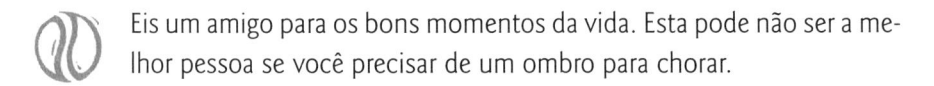 Eis um amigo para os bons momentos da vida. Esta pode não ser a melhor pessoa se você precisar de um ombro para chorar.

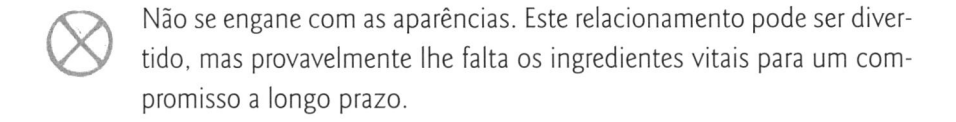 Não se engane com as aparências. Este relacionamento pode ser divertido, mas provavelmente lhe falta os ingredientes vitais para um compromisso a longo prazo.

LINHAS DE MUDANÇA

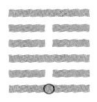 Você parece estar sofrendo por uma oferta que parece boa demais para ser verdade. Ela é. Enfrente a situação à sua moda e você acabará se dando bem. Não dê ouvidos aos amigos nem à família, que só têm conhecimento de uma pequena parte da situação.

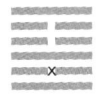 Atração física e interesses mútuos não são o bastante para sustentar um relacionamento. Preste atenção na sua intuição e nos seus sentimentos. Eles têm uma mensagem para você. Se você sentir qualquer incômodo, tome providências para descobrir o motivo desse sentimento e se ocupe de quaisquer problemas ocultos que venha a descobrir.

 Usufrua este relacionamento e deixe que os seus sentimentos aflorem. Tenha certeza de que você comunica suas necessidades e emoções claramente, bem como escuta a outra pessoa.

 Parece haver uma dúvida entre duas pessoas ou dois destinos. Olhe além da atração imediata e escolha a pessoa ou a situação que trará estabilidade e realização a longo prazo.

 Você pode criar um relacionamento cálido e amoroso. Você merece ter realização emocional. Eleve sua auto-estima e tome a iniciativa neste relacionamento.

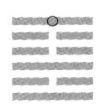 Neste caso, a realidade interior e as circunstâncias exteriores coincidem. O que parece à primeira vista o relacionamento certo para você realmente será profundamente compensador e satisfatório a longo prazo.

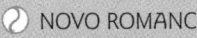 PARCERIAS EXISTENTES 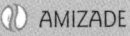 NOVO ROMANCE AMIZADE ⊗ ARMADILHAS

23. Colapso

Montanha
Terra

É hora de desistir. Um relacionamento perfez seu curso natural e agora está em processo de desintegração. Não há como salvar algo que chegou a uma conclusão natural.

Algum aspecto de sua parceria ou o próprio relacionamento está em processo de mudança. Espere e veja como os acontecimentos se desenvolvem.

Um relacionamento está terminando, não começando. Os dramas que você faz com relação a esta pessoa se mostrarão ilusórios.

Esta amizade está destinada a mudar irrevogavelmente. As necessidades de uma ou de outra parte não estão sendo atendidas aqui, e a situação é fundamentalmente instável.

Por vezes nos sentimos assustados e incomodados com o fim de alguma coisa. Porém, tente evitar apegar-se ao passado, já que isso tornará o processo de mudança mais difícil e estressante.

LINHAS DE MUDANÇA

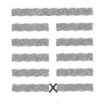 O relacionamento é desestabilizado por uma terceira pessoa. Tome consciência das fofocas, do ciúme e de quaisquer ofertas por parte de estranhos quanto a ajudá-lo a resolver problemas. Você é o melhor guia aqui. Uma tentativa por parte de quem se diz amigo no que concerne a dar-lhe conselhos úteis poderá mostrar-se desastrosa.

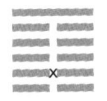 É hora de evitar que a situação piore ainda mais. Apegue-se aos seus princípios e não perca o controle em face dos acontecimentos. Evite discussões e confrontos violentos. Se necessário, dê um tempo nesta parceria e tente protelar quaisquer decisões importantes até que a poeira assente.

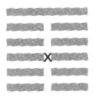 Você terá força interior para resolver esta situação. Você só terá a ganhar assumindo uma posição firme e se apegando aos seus princípios, mesmo que a outra pessoa não esteja preparada para concordar com você.

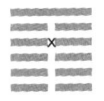 Um rompimento desagradável está à vista. Ambas as partes parecem sofrer, mas você tem chance de achar o verdadeiro amor em outro lugar. Não fique tentado a se apegar a uma antiga paixão. Lembre-se de que esta parceria estava longe de ser perfeita, e não se engane ao pensar que os problemas do relacionamento poderiam ser solucionados no futuro.

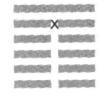 Há uma chance de resolver esta discordância de maneira bem-sucedida. Uma solução satisfatória será alcançada – isso será benéfico para ambas as partes a longo prazo.

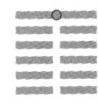 O processo de desintegração chegou à sua conclusão natural e as sementes de uma forma nova e melhor de se relacionar foram plantadas. O futuro parece brilhante. Saia mais, freqüente novos círculos e conheça novas pessoas.

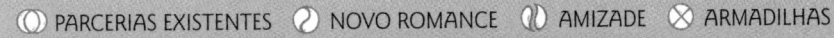 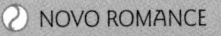 PARCERIAS EXISTENTES 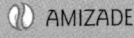 NOVO ROMANCE 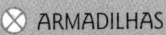 AMIZADE ⊗ ARMADILHAS

24. Reunião

Terra
Trovão

Os problemas que impediram este relacionamento de florescer foram resolvidos e é hora de um novo começo. Vocês precisam tratar um ao outro com carinho e ternura. É preciso paciência e confiança para reconstruir o relacionamento.

Você passou por uma situação difícil que poderia ter colocado um ponto final na sua parceria. Agora você tem a chance de construir um relacionamento mais forte e mais apaixonado.

Se você acabou de encontrar uma antiga paixão, desta vez você tem a chance de criar um relacionamento significativo. Saiba levar as coisas com naturalidade e não force o passo.

É hora de renovar antigas amizades e dar-lhes bases mais realistas. Aprenda com o passado e não repita os velhos padrões.

Deixe o passado para trás, aprenda com os seus erros e tente evitar atribuir a culpa ao seu parceiro. Não entre de cabeça num compromisso sério; deixe a intimidade aumentar aos poucos.

LINHAS DE MUDANÇA

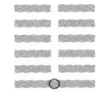 Uma outra pessoa pode estar tentando você, mas você percebe rapidamente o que tem a perder agindo por impulso. Você permanece fiel e o relacionamento que já tem floresce.

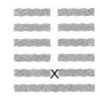 Você pode ter pensado em ter (ou teve) uma aventura passageira, mas isso o ajuda a ver que a parceria que você já tem é a melhor para você. Comece a passar mais tempo com o seu companheiro atual. Tente aplaudir-lhe as boas qualidades em vez de se concentrar nos seus defeitos.

 Você costuma imaginar que a vida seria mais fácil com um parceiro diferente. Tente mudar suas próprias atitudes em vez de trocar de parceiro. Se necessário, considere a possibilidade de pedir a ajuda de um conselheiro ou de participar de um seminário sobre autodesenvolvimento. Você tem a chave da sua própria felicidade.

 Foram cometidos erros no passado e você fez escolhas inadvertidamente. Agora você está determinado a escolher alguém que partilhe seus objetivos a longo prazo. Siga no seu ritmo e não se precipite num novo relacionamento.

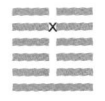 O perdão é a chave para resolver as diferenças que surgiram aqui. Com compaixão e compreensão mútua, as deficiências deste relacionamento podem ser corrigidas, caso você queira que ele seja bem-sucedido.

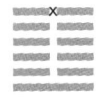 Se você ignorar esta oportunidade de reconstruir seu relacionamento, não lhe será dada uma segunda chance. Olhe para dentro de si mesmo e considere suas opções cuidadosamente. Uma vez que você decidiu, não há retorno.

 PARCERIAS EXISTENTES   NOVO ROMANCE   AMIZADE   ARMADILHAS

25. Pureza de Intenção

Céu
Trovão

A chave para esta situação é tratar a outra pessoa da mesma forma que você gostaria de ser tratado se estivesse na posição dela. A situação é bem clara. Sua confusão desaparecerá quando você deixar de brincar com as emoções e expressar a sua verdade.

Sejam honestos um com o outro. Cheguem a um acordo quanto a uma série de medidas que poderão levar o relacionamento a florescer, e apeguem-se a elas. Não vá contra seus princípios.

Vocês precisam ter uma conversa clara e estabelecer algumas diretrizes firmes. Então este relacionamento poderá transcorrer harmoniosamente.

Vocês estão sendo honestos um com o outro? Alguns assuntos estão sendo deliberadamente evitados? Você pode melhorar este relacionamento comunicando suas necessidades e sentimentos claramente.

Tenha certeza de que você sabe exatamente como se sente e o que quer deste relacionamento antes de começar a discutir seu futuro. Seja honesto com você mesmo.

LINHAS DE MUDANÇA

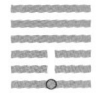 Escute seu coração e siga seus instintos. Você pode chegar a ter a intimidade e o compromisso que busca. Você precisa ser o líder aqui. Procure passar bons momentos na companhia do seu parceiro – e não se preocupe quanto às conseqüências de partilhar seus pensamentos mais profundos com outra pessoa.

 Não passe por cima dos seus sentimentos. Confie em seus instintos diariamente e não ignore pequenos sinais de tensão. Você pode precisar adaptar seu próprio comportamento para obter a satisfação emocional que busca em seu companheiro.

 Embora você tenha sido honesto e aberto, seu parceiro não agiu da mesma forma. Aprenda o que puder com a situação e não se detenha nela. Seu próximo relacionamento será mais compensador.

 Esteja certo de que você tem exatamente as relações certas de que necessita no momento. Não corra atrás de alguém que não quer estar com você. Se por capricho quiser procurar outro parceiro, você sofrerá agora e no futuro.

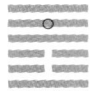 Em tempos de dificuldade, você precisa avaliar se contribuiu de alguma forma para a situação. Se não contribuiu, aferre-se às suas convicções e as coisas melhorarão naturalmente. Procure passar bons momentos na sua própria companhia.

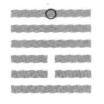 Agora não é hora de agir, por mais sincero que você seja. Quaisquer tentativas de resolver a situação neste momento serão contraproducentes e mal-sucedidas. Seja paciente e espere por uma ocasião mais favorável para agir.

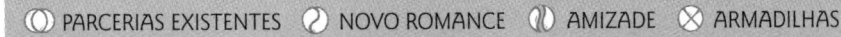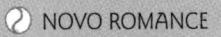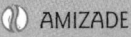 PARCERIAS EXISTENTES   NOVO ROMANCE   AMIZADE   ARMADILHAS

26. Alma Gêmea

Montanha
Céu

Este relacionamento tem chance de se tornar um compromisso sério. Há uma química especial: vocês partilham as mesmas convicções básicas e valores da vida. A sensação de uma perspectiva partilhada pode acalentá-los e apoiá-los em tempos de alegria e de tristeza.

 Apegue-se a este relacionamento. Por meio desta parceria você pode explorar as profundezas do seu eu interior e desenvolver seu pleno potencial.

 Se você só está procurando uma aventura, cuidado – este relacionamento tem um poder duradouro! Esteja preparado para levar as coisas a sério.

 Um sinal de verdadeira amizade. Esta pessoa continuará a ser uma fonte de apoio e companhia ao longo de sua vida se você assim desejar.

 A marca do destino está presente neste relacionamento. Preste atenção aos seus limites e não se deixe levar pelo impulso de se fundir com a outra pessoa. Procure manter seus interesses e fique em contato com os amigos e a família.

LINHAS DE MUDANÇA

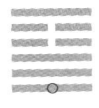 Não se precipite neste relacionamento, já que há um obstáculo que precisa ser superado. Identifique a dificuldade e crie uma estratégia para resolver o problema. Então, reserve tempo para iniciar seu plano; o sucesso é então assegurado.

 Definitivamente, não é hora de se envolver com esta pessoa nem de tentar fazer com que este relacionamento se desenvolva. Tenha qualidade de vida, fique com os seus amigos e a sua família. Se necessário, faça um curso ou entre numa academia.

 Há potencial para a felicidade aqui, mas o caminho adiante é cheio de armadilhas. Você precisará superar uma série de barreiras. Seja paciente e persistente em sua abordagem. Não deixe que pequenos entraves o afastem de seus objetivos a longo prazo.

 Você precisa impedir que um problema sem importância se transforme numa grande dor de cabeça. Aja agora e você poderá cortar o mal pela raiz. Seja implacável e não aceite o meio-termo.

 Você deveria tentar encorajar seu parceiro a desenvolver certos interesses exteriores. Caso contrário, você será alvo de muita agressividade e energia. Cuidado com sua segurança física e estabilidade emocional.

 Agora é hora de consolidar esta parceria. Todos os obstáculos foram vencidos. Siga o desejo do seu coração: celebre seu relacionamento com um fim de semana romântico, uma noite de paixão ou um jantar especial para dois no seu restaurante favorito.

PARCERIAS EXISTENTES   NOVO ROMANCE   AMIZADE   ARMADILHAS

27. Cuide de Si Mesmo

Montanha
Trovão

A chave para esta situação é aumentar a consciência das suas próprias necessidades. À medida que você descobre como aperfeiçoar seu potencial, você poderá ajudar seu parceiro e seus amigos a atingir a auto-realização.

Será que um dos parceiros está se empenhando mais neste relacionamento? A fim de prosperar, ambos precisam se sentir valorizados, acalentados e apoiados.

Este relacionamento é saudável? Tenha certeza de que você não está desempenhando papéis obsoletos, tais como salvador e vítima, ou cavaleiro com armadura reluzente e a donzela aflita.

Confira se sua amizade descambou em padrões pouco saudáveis. Será que um de vocês desempenha o papel de adulto e o outro de criança?

É importante manter o equilíbrio em sua vida. Isso inclui ter certeza de que você come bem, dorme bem, se exercita, explora sua criatividade e se diverte bastante. Você também precisa equilibrar o tempo gasto sozinho com o tempo na companhia de outras pessoas.

LINHAS DE MUDANÇA

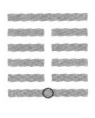 Por que você está lutando para ter algo ou alguém de que não precisa? Você tem tudo o que é necessário para ser feliz. Não corra atrás do parceiro de outra pessoa. Explore outros modos de ser criativo na vida – considere a pintura, a literatura ou o teatro, por exemplo. A resposta para esta situação está a seu alcance.

 Você é muito mais forte do que pensa e não tem necessidade de desempenhar o papel de vítima para conquistar o amor. Esqueça seu sofrimento passado e deixe de lado este padrão de comportamento inútil.

 Você parece estar perseguindo uma ilusão. Uma série de casos passageiros acabarão fazendo com que se sinta menos amado em vez de acalentado. Já não é hora de despender mais esforço numa parceria a longo prazo?

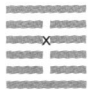 Você sabe muito bem como levar adiante este relacionamento, já que pode perceber seu potencial inerente para o sucesso. Relaxe um pouco – você conquistará o amor e a atenção que almeja no tempo devido. Senso de oportunidade é crucial aqui: você não pode forçar o ritmo deste relacionamento, por mais que tente.

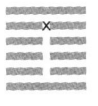 É hora de cura interior e reflexão. Pense na possibilidade de consultar um conselheiro ou alguém cuja opinião você valorize. Explore novas formas de desenvolvimento pessoal e novas maneiras de exercer sua criatividade.

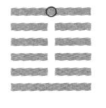 Eis aqui um relacionamento com grande potencial, que precisará ser cultivado. Você colherá muitos benefícios, emocional e espiritualmente, deste encontro. Tenha determinação mesmo que por vezes você anseie por um caminho mais fácil.

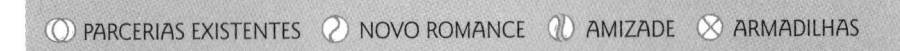

PARCERIAS EXISTENTES   NOVO ROMANCE   AMIZADE   ARMADILHAS

28. Amor Espiritual

Lago
Vento

Este é um momento excepcional – o espírito de vocês pode pairar, enlevado, e vocês terão um sentimento de unidade com todos os seres. Você pode achar que o amor que tem hoje contrasta pouco com esta experiência espiritual extasiante, portanto, mantenha-se fiel à sua experiência e confie em que, quando for o momento certo, seus relacionamentos comuns também florescerão.

Talvez não seja possível partilhar todos os seus sentimentos com o parceiro, e, como resultado, ele pode se sentir magoado. Tente acompanhar o processo e continuar abrindo seu coração.

Se você acabou de conhecer alguém e essa pessoa despertou esse sentimento, é como se você tivesse sido atingido por um meteoro. Não tome nenhuma decisão definitiva nesta fase.

Você pode precisar reavaliar amizades e parcerias no devido tempo. Por ora, crie mais tempo e espaço para si mesmo.

Momentos de emoção e transformação extremas sempre são difíceis. Neste caso, o resultado é bom, enquanto você não tenta forçar o ritmo do processo.

LINHAS DE MUDANÇA

 Este é o momento de ser cauteloso e explorar todas as suas opções com a mente aberta. Não assuma compromissos. Pode ser útil discutir sua situação com amigos íntimos ou com a família.

 Há um parceiro potencial em seu círculo de amigos, pessoa que você ainda não identificou. Se você não sabe quem ela é, peça a um amigo para ajudá-lo a descobrir.

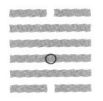 Você está rumando para a estagnação emocional e só tem a si mesmo para culpar. É muito tarde para corrigir a situação. Quanto mais cedo buscar a saída, melhor. Tente travar contato com a sua intuição. Você deixou de dar ouvidos a um alerta interior quando se precipitou nesta relação? Aprenda com esse erro e se perdoe pelo seu julgamento equivocado.

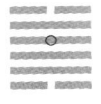 Você é abençoado com muitas qualidades que o ajudam a atrair o parceiro desejado. Não abuse do seu poder, ou você descobrirá que essa situação lhe causa angústia e tensão.

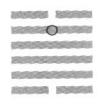 Este relacionamento simplesmente é um antigo padrão que se repete? Para crescer, você precisa descobrir novas formas de se expressar e criar relacionamentos que lhe permitam florescer.

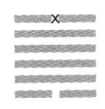 Às vezes, é importante se ater a um princípio. A curto prazo, isso pode levar à tristeza e ao fim de um relacionamento, mas a perspectiva a longo prazo é excelente.

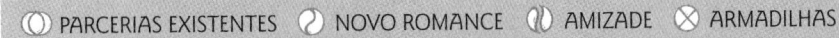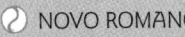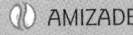 ◯ PARCERIAS EXISTENTES   ◯ NOVO ROMANCE   ◯ AMIZADE   ⊗ ARMADILHAS

29. Perigo em Potencial

坎

Água
Água

Há um problema muito concreto a ser encarado neste relacionamento. Não se trata de fazer uma adaptação psicológica a uma situação, mas de uma necessidade genuína de ação rápida e apropriada. Obedeça ao que seu coração lhe mandar com respeito a isso, já que só você tem a chave para abrir a porta que está barrando a sua felicidade.

 Há um problema genuíno aqui – ele está em andamento e requer que você tome algumas decisões difíceis. Você terá sucesso se assumir uma postura firme no amor.

 Vire detetive e tente descobrir mais sobre a vida de seu novo amor. Você pode continuar a cultivar este relacionamento se quiser, depois de enfrentar alguns fatos pouco palatáveis.

 Você está sendo arrastado inconscientemente para uma situação perigosa por causa do seu desejo de ajudar alguém? Antes de você concordar em se envolver num projeto mútuo ou de oferecer sua ajuda, reflita sobre as possíveis conseqüências.

 Você precisa encarar alguns fatos desagradáveis. Se você deixar de atacar o problema, ele tomará vulto e o prejudicará emocionalmente. Obtenha ajuda, caso necessário, de um conselheiro ou de outra pessoa.

LINHAS DE MUDANÇA

 Se você enfrenta uma situação incômoda por muito tempo, acaba se acostumando a ela e perde a vontade de mudá-la. Não justifique os erros do seu parceiro.

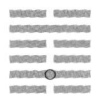 A primeira coisa a fazer aqui é minimizar o risco. Busque a ajuda de alguém e elabore uma estratégia a longo prazo para resolver as questões. Esteja alerta aqui e não hesite em terminar um relacionamento se necessário.

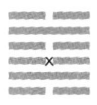 Esta não é hora de agir. A única coisa útil a fazer é esperar e ver como a situação se desdobra. Seja paciente e fique calmo. Mantenha contato com os amigos e com a família.

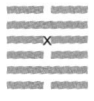 Mergulhe dentro de você e medite a fim de buscar apoio emocional e novas perspectivas para resolver este problema. Você tem a resposta para ele.

 Concentre-se em superar o obstáculo existente neste relacionamento. Este não é o momento de tentar aprofundar o nível de compromisso entre vocês dois.

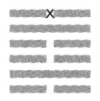 Os problemas que cercam este relacionamento o impedem de ver qual a melhor atitude a tomar no momento. Suas opções atuais são limitadas. Não enterre a cabeça na areia, busque ajuda de uma pessoa que esteja de fora e que seja imparcial.

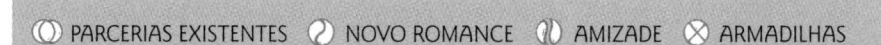
PARCERIAS EXISTENTES   NOVO ROMANCE   AMIZADE   ARMADILHAS

30. Iluminação

Chama
Chama

Siga o seu coração e aprenda a se sintonizar com os ciclos do universo. Os relacionamentos são semelhantes às flores: começam numa semente, florescem e depois fenecem. Aprenda a reconhecer seu lugar em determinado relacionamento e a agir apropriadamente. Um novo relacionamento requer cuidado e atenção; um relacionamento atual talvez tenha de ser podado; e um relacionamento antigo precisa ser retomado.

Não deixem de dar valor um ao outro. Reavaliem o relacionamento e vejam como vocês poderiam criar uma parceria ainda mais proveitosa.

Partilhe seus pontos de vista e sonhos com a outra pessoa. Pondere sobre como você poderia ajudar a criar um mundo melhor.

Esta amizade tem grandes possibilidades e pode ajudá-lo a descobrir seu verdadeiro eu. Estimule a criatividade do parceiro, tente novas formas de auto-expressão e divirta-se.

Este é um momento maravilhoso para se expressar e descobrir seu verdadeiro potencial. Porém, lembre-se de que idéias e projetos levam tempo para se concretizar, e as atitudes de outras pessoas podem precisar mudar.

LINHAS DE MUDANÇA

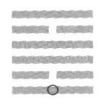 Preste especial atenção a novos começos em sua vida. O modo como você se aproxima de determinada pessoa na primeira vez em que a encontra determinará muito do que se seguirá.

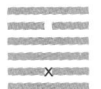 Eis aqui uma grande oportunidade para desenvolver um relacionamento ou um projeto mútuo. Você tem todos os recursos emocionais de que precisa para usufruir esta parceria. Comece passando mais tempo com essa pessoa e imaginando como o relacionamento poderia trazer alegria, vitalidade e serenidade para a sua vida.

 Este relacionamento está perdendo as forças e vocês estão se distanciando um do outro. Não tente prender a outra pessoa nem terminar a parceria prematuramente. Deixe que o relacionamento siga seu curso natural e você aprenderá muitas lições valiosas. Elas o ajudarão a travar relacionamentos mais duradouros no futuro.

 Esta é uma aventura apaixonada que está se extinguindo por si mesma. A intensidade emocional que servia de combustível a este relacionamento chegou ao fim. Procure ver os benefícios que teve, lembre-se dos bons tempos e vá em frente.

 Não fique triste se tiver a impressão de estar perdendo contato com alguém ou se já não sentir mais a mesma paixão. Uma nova paixão nascerá no seu devido tempo.

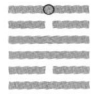 Se você não estiver conseguindo o que quer num relacionamento, pense na hipótese de terminá-lo. Depois que você fizer isso, examine a si mesmo e veja como pode mudar suas atitudes para atrair mais amor para sua vida.

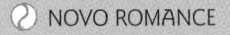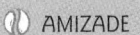 ◖◗ PARCERIAS EXISTENTES ◗ NOVO ROMANCE ◖◗ AMIZADE ⊗ ARMADILHAS

31. Atração Mútua

Lago
Montanha

Uma época maravilhosa está prestes a começar, se você estiver em busca de um compromisso sério. Há um vínculo forte aqui entre você e a outra pessoa. Olhe dentro de seu coração e veja se está pronto para o compromisso. Se estiver, agora é o momento ideal para aceitar uma proposta para se casar ou morar junto.

Esta parceria tem o que é necessário para criar um relacionamento duradouro e afetuoso. Continue investindo tempo e esforço para transformar a atração inicial em um relacionamento sólido.

Se você acabou de conhecer alguém e está procurando um parceiro para toda a vida, eis uma boa notícia: esta pessoa tem potencial para desempenhar esse papel para você.

Isto é uma amizade ou existe uma certa atração entre vocês? Pondere sobre seus sentimentos e, se lhe parecer certo, pense na hipótese de vocês se tornarem namorados.

O principal perigo aqui é que a atração é tão forte, que ambas as partes tenderão a tomá-la como algo garantido. Tente estabelecer algumas diretrizes mutuamente aceitáveis e ter certeza de que vocês passam bastante tempo juntos à medida que o relacionamento amadurece.

LINHAS DE MUDANÇA

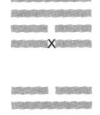 Você já conheceu seu possível parceiro, mas ele não demonstrou interesse por você. Fique tranqüilo.

 Não fique numa situação embaraçosa expressando seus sentimentos prematuramente a alguém – espere pelos acontecimentos. Posteriormente você será vitorioso, mas talvez não do modo como você pensava no começo.

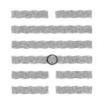 Não aja por impulso. Antes de resolver embarcar num relacionamento novo ou de alterar os termos de um já existente, esteja certo de que sabe exatamente o que quer alcançar.

 Se seguir seu coração e expressar seus verdadeiros sentimentos, você acabará encontrando o amor que procura. Não tente manipular aqueles a quem diz amar, já que isso só criará ressentimentos.

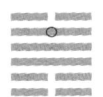 É como se você estivesse no piloto automático. Uma voz interior está ditando cada atitude a ser tomada. Acompanhe a maré. O que importa é tomar a iniciativa e recuperar certo controle sobre sua própria vida.

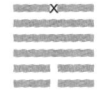 Se você gosta de paquerar, vá em frente. Desta vez, você poderá se divertir e não haverá nenhuma conseqüência séria nem prejudicial. Divirta-se e vá a festas.

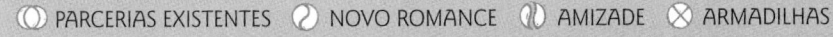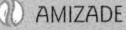 PARCERIAS EXISTENTES   NOVO ROMANCE   AMIZADE   ARMADILHAS

32. Siga Seu Próprio Caminho

恒

Trovão
Vento

Cada um de nós tem um caminho a seguir na vida. Ele é único e especial. Agora é importante continuar seguindo no ritmo certo ao longo de sua jornada de vida. Não se distraia nem se desvie de seu caminho em função de outras pessoas ou devido aos seus próprios pensamentos negativos.

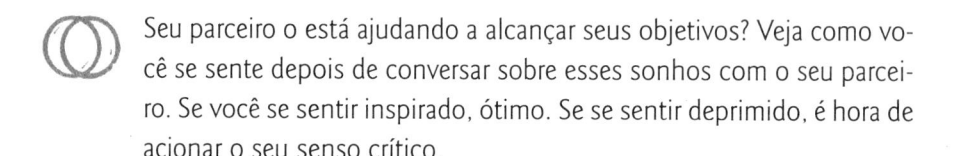 Seu parceiro o está ajudando a alcançar seus objetivos? Veja como você se sente depois de conversar sobre esses sonhos com o seu parceiro. Se você se sentir inspirado, ótimo. Se se sentir deprimido, é hora de acionar o seu senso crítico.

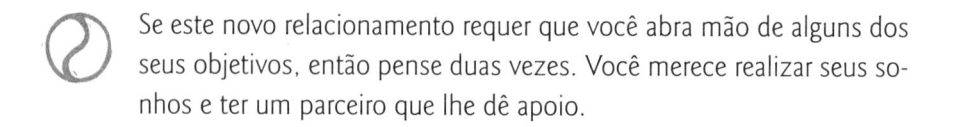 Se este novo relacionamento requer que você abra mão de alguns dos seus objetivos, então pense duas vezes. Você merece realizar seus sonhos e ter um parceiro que lhe dê apoio.

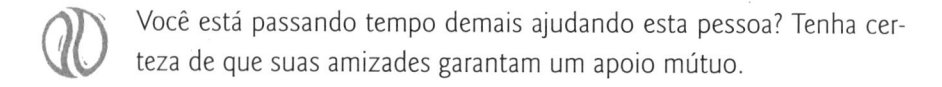 Você está passando tempo demais ajudando esta pessoa? Tenha certeza de que suas amizades garantam um apoio mútuo.

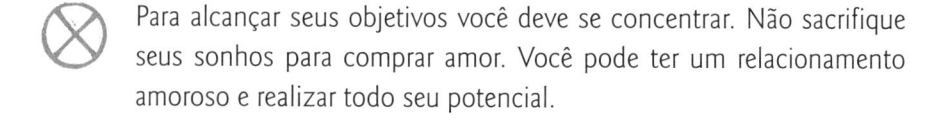 Para alcançar seus objetivos você deve se concentrar. Não sacrifique seus sonhos para comprar amor. Você pode ter um relacionamento amoroso e realizar todo seu potencial.

LINHAS DE MUDANÇA

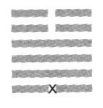 Não é possível achar uma solução para uma dificuldade antes de saber exatamente em que consiste o problema. Passe algum tempo estudando as diferenças entre vocês e então tome a atitude apropriada para transpor esse obstáculo.

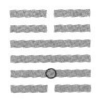 Se você se mantiver fiel a si mesmo, poderá usufruir este relacionamento. Talvez ele não preencha todos os aspectos do seu ser, mas será compensador.

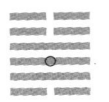 Não deixe que seu parceiro relegue o relacionamento de vocês a segundo plano por causa de compromissos de trabalho. Se você aceitar essa situação, se arrependerá. Torne patentes suas opiniões em vez de concordar com um compromisso que o prive do apoio emocional satisfatório.

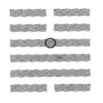 Você está procurando amor no lugar errado? Se você nunca teve sorte na escolha de um companheiro, aproveite esta oportunidade para mudar sua visão sobre o que seja um parceiro ideal.

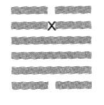 Neste momento, se as suas emoções entrarem em conflito com a sua lógica, então aferre-se à solução racional. Não se deixe levar por um capricho nem por um impulso. Analise os fatos, faça uma lista de "prós e contras", então tome uma decisão firme.

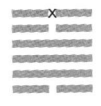 Não tome nenhuma decisão precipitada. Agora é hora de considerar calma e cuidadosamente suas opções. Depois que você fez uma escolha, apegue-se a ela. Se necessário, busque apoio de pessoas que pensem da mesma forma e que tenham passado por situações semelhantes.

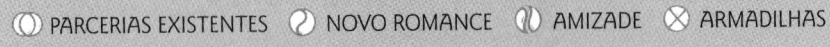 PARCERIAS EXISTENTES   NOVO ROMANCE   AMIZADE   ⊗ ARMADILHAS

33. Estabelecendo Limites

Céu
Montanha

Está na hora de criar algum espaço interior para você mesmo neste relacionamento. Este é um período difícil – o confronto precipitado deve ser evitado já que só causaria sofrimento. Porém não é o momento de se pautar pelas vontades nem pelos compromissos da outra pessoa.

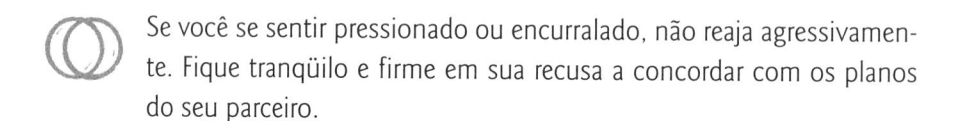 Se você se sentir pressionado ou encurralado, não reaja agressivamente. Fique tranqüilo e firme em sua recusa a concordar com os planos do seu parceiro.

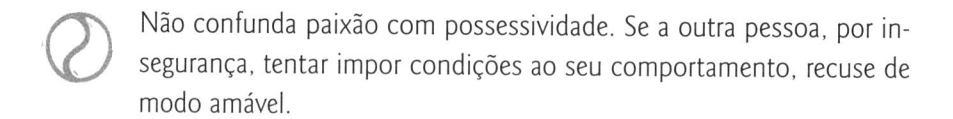 Não confunda paixão com possessividade. Se a outra pessoa, por insegurança, tentar impor condições ao seu comportamento, recuse de modo amável.

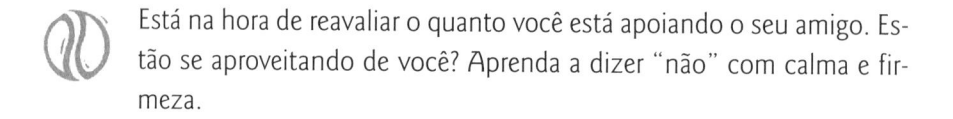 Está na hora de reavaliar o quanto você está apoiando o seu amigo. Estão se aproveitando de você? Aprenda a dizer "não" com calma e firmeza.

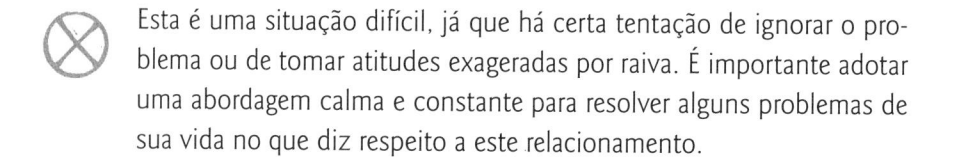 Esta é uma situação difícil, já que há certa tentação de ignorar o problema ou de tomar atitudes exageradas por raiva. É importante adotar uma abordagem calma e constante para resolver alguns problemas de sua vida no que diz respeito a este relacionamento.

LINHAS DE MUDANÇA

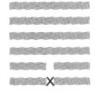 Neste momento é melhor abster-se de agir e fingir que ignora um problema que causa divergência. O momento de agir acontecerá no tempo devido. Enquanto isso, levante o ânimo em companhia de amigos e proporcionando a si mesmo momentos especiais de lazer.

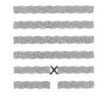 Se você tentar romper com este relacionamento, a outra pessoa se recusará a aceitar a sua decisão. Há um problema não-resolvido entre vocês. Você precisa usar seus recursos emocionais e preparar-se para um processo prolongado de separação.

 Você precisa tentar convencer a outra pessoa de que está na hora de uma mudança. Ela não está inclinada a deixar que você se vá, de modo que você precisará negociar alguma forma de separação.

 Você se sentirá muito melhor depois que tiver decidido seguir seu próprio caminho nesta questão. Porém, seu parceiro ficará com raiva e magoado. Tente não deixar que as suas emoções se confundam com as dele. Fique tranqüilo e concentrado.

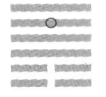 Agora pode se chegar a um acordo quanto a uma separação amigável. Você ainda precisará ser firme, mas a conseqüência será positiva. Vocês podem continuar amigos e deixar de causar sofrimento desnecessário um ao outro.

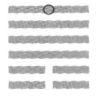 Você sabe exatamente o que quer e como alcançá-lo. Você pode sair desta situação com um sorriso estampado no rosto e com o coração radiante.

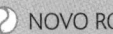 PARCERIAS EXISTENTES 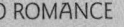 NOVO ROMANCE   AMIZADE   ARMADILHAS

34. Poder Interior

Trovão
Céu

Você tem todos os recursos de que precisa para descobrir a melhor solução para o seu problema atual. Porém, você deve ser paciente e escolher o momento certo no futuro para agir. Também é vital que, em seu entusiasmo por uma pessoa ou um projeto, você não use sua personalidade forte para persuadir alguém a agir temporariamente de modo inadequado. Se fizer mau uso de seus talentos, você vacilará emocionalmente depois de um curto espaço de tempo.

 Você pode ver claramente o que quer, mas despenda tempo e energia para explicar ao seu parceiro como seu sonho pode ser alcançado. A paciência compensará.

 A outra pessoa pode não estar tão convencida quanto você do potencial desta parceria. Visualize os resultados a que você aspira e não apresse o passo.

 Aferre-se a seus sonhos e aspirações. Partilhe tudo isso com a outra pessoa e então deixe que ela siga em seu próprio ritmo. Agora não é hora de fazer ultimatos.

 Quando você sente algo de modo intenso e pode perceber isso claramente, é difícil aceitar a idéia de que ninguém mais partilha o seu ponto de vista. O tempo estará a seu favor – se você for paciente.

LINHAS DE MUDANÇA

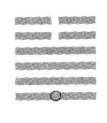 Não tente encurralar a outra pessoa. Você talvez tenha a lógica a seu favor, mas ainda é cedo para esperar bons resultados.

 O caminho à frente está claro agora. Não superestime suas habilidades num ímpeto de entusiasmo excessivo. Você pode convencer esta pessoa ou vencer a disputa, mas precisará ser paciente e gentil.

 Se se envolver nesta situação, você fracassará. As circunstâncias atuais não levarão a uma mudança. Qualquer esforço seria como verter água num balde furado.

 Você pode superar esta situação permanecendo fiel às suas convicções e tendo certeza de que todas as suas atitudes são coerentes com o desejo do seu coração. A oposição haverá de ser minada sem a necessidade de palavras duras.

 Você ficará surpreso com a facilidade de conseguir o que quer neste relacionamento. A oposição que teve no passado quanto a suas solicitações haverá de desaparecer. Usufrua seu sucesso.

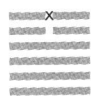 Você não pode conseguir tudo o que quer neste relacionamento. Porém, certo progresso é possível. Quando isso se der, você fará melhor não pondo o carro adiante dos bois, mas esperando o momento oportuno de completar o processo.

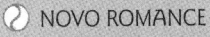 PARCERIAS EXISTENTES 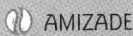 NOVO ROMANCE AMIZADE ⊗ ARMADILHAS

35. Avançando com Facilidade

Chama
Terra

Esta é uma época de alegria e bem-estar. Você e seu parceiro podem se empenhar para ter uma intimidade e realização maiores. Respeitem as diferenças um do outro e não tente obrigar seu parceiro a ficar mais parecido com você. Aspirem ao amor, ao sucesso e ao bem-estar mútuo.

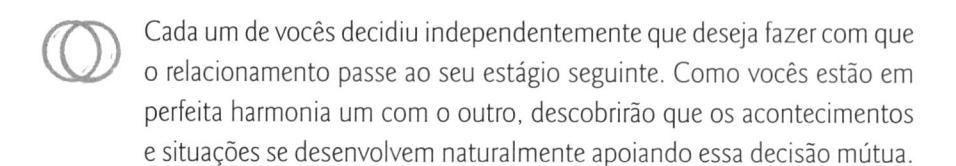 Cada um de vocês decidiu independentemente que deseja fazer com que o relacionamento passe ao seu estágio seguinte. Como vocês estão em perfeita harmonia um com o outro, descobrirão que os acontecimentos e situações se desenvolvem naturalmente apoiando essa decisão mútua.

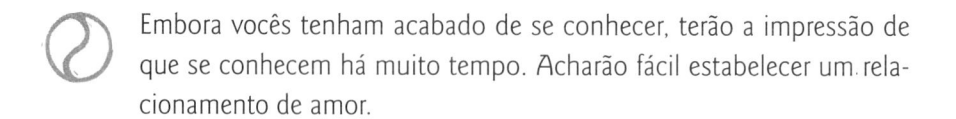 Embora vocês tenham acabado de se conhecer, terão a impressão de que se conhecem há muito tempo. Acharão fácil estabelecer um relacionamento de amor.

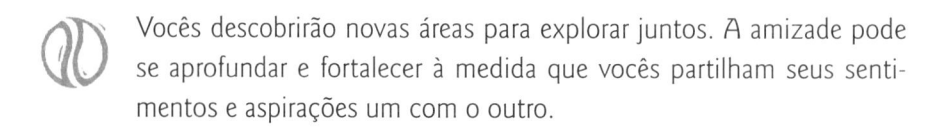 Vocês descobrirão novas áreas para explorar juntos. A amizade pode se aprofundar e fortalecer à medida que vocês partilham seus sentimentos e aspirações um com o outro.

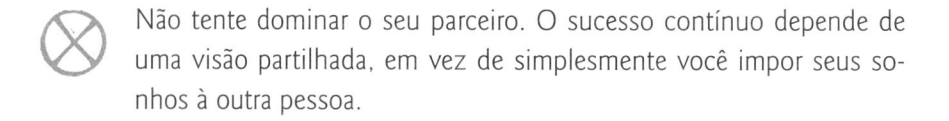 Não tente dominar o seu parceiro. O sucesso contínuo depende de uma visão partilhada, em vez de simplesmente você impor seus sonhos à outra pessoa.

LINHAS DE MUDANÇA

Se você tem uma sugestão a fazer ao seu parceiro, ou se gostaria de convidar alguém para sair, vá em frente. Mesmo que a pessoa não concorde, não haverá arrependimento, pois você descobrirá algo que será de grande valor para você no futuro.

Há algo ou alguém impedindo-o temporariamente de entrar em contato com a pessoa que você procura. Agora não é hora de tentar forçar o problema. Você terá sucesso posteriormente.

Você precisa conseguir a ajuda de amigos para que uma nova pessoa passe a fazer parte da sua vida. Não tenha medo de pedir ajuda aos outros. O sucesso está à vista.

Não seja leviano com o afeto de uma outra pessoa. Se você optar por uma aventura fugaz, você será a pessoa que mais irá perder e sua reputação sofrerá com isso.

Embora este seja um momento excelente para ter um novo relacionamento, não se aborreça se nenhum pretendente adequado aparecer. Seja fiel a seus sentimentos e você encontrará a felicidade que busca.

Agora há um certo sentimento de que você pode ter o mundo em suas mãos, e isso é um engano. Concentre-se em criar mais harmonia e bem-estar ficando próximo dos entes queridos, em vez de tentar audaciosamente ter novos relacionamentos.

○ PARCERIAS EXISTENTES　◐ NOVO ROMANCE　◑ AMIZADE　⊗ ARMADILHAS

36. Um Escudo para as Emoções

Terra
Chama

Este é um momento difícil. Você encontrará oposição em seus relacionamentos, quer da parte de estranhos quer dos "demônios" interiores do seu parceiro. Você não pode mudar as coisas agora. Em vez disso, precisa se proteger, fortalecendo sua auto-estima e evitando conflitos que roubem sua energia.

Guarde seus pensamentos e sentimentos para si mesmo. Seja voluntarioso e se concentre em suas necessidades. Cuide das coisas básicas: boa alimentação, exercício e uma boa noite de sono. Procure a companhia de amigos que ajudem a elevar seu ânimo.

Há um choque de valores aqui. Permaneça fiel a si mesmo e não se permita ficar estagnado em função dos sentimentos negativos de outra pessoa.

Esta situação não é salutar. Talvez você comece a pensar em como diminuir o contato com essa pessoa. Em todo caso, você precisa pôr em primeiro plano suas necessidades e achar outras pessoas que pensem da mesma forma para ajudá-lo neste momento.

O perigo aqui é que você será subjugado pela negatividade da outra pessoa. Faça tudo o que for necessário para manter o moral alto e sua energia física fluindo. Você pode precisar se virar sem ajuda de ninguém por algum tempo.

LINHAS DE MUDANÇA

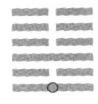 Infelizmente você precisará tocar as coisas em frente, e sozinho desta vez. Seu parceiro não dará apoio nem concordará com a posição que você adotou. Porém você pode conseguir a ajuda de que necessita por parte de um amigo ou de um membro da família.

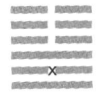 Você pode perceber claramente que está diante de uma situação perigosa, a qual provavelmente afetará a você e a seu parceiro de maneira adversa. Seu parceiro é incapaz de reconhecer o perigo neste momento, sendo assim, continue atento às armadilhas prováveis.

 Será fácil resolver esta situação – fácil até demais! Lembre-se, este problema tem uma história longa e seu parceiro achará difícil agir de um modo novo. Paciência!

 Você pode ter uma visão mais clara agora do problema que afeta este relacionamento. Tendo enfrentado a questão, você percebe que ela é insuperável no momento. Procure se libertar e buscar amor em outro lugar.

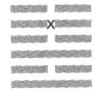 Não é o momento certo para deixar esta parceria. O único modo de controlar esta situação perigosa é manter-se fiel às próprias opiniões e fazer amigos paralelamente ao seu relacionamento.

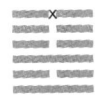 Um período de depressão terminou para você. Parecia que algo terrível estava prestes a lhe acontecer, e então, de repente, você se libertou do relacionamento. Siga em frente com alegria.

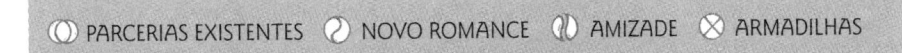
PARCERIAS EXISTENTES NOVO ROMANCE AMIZADE ARMADILHAS

37. O Mundo em Miniatura

Vento
Chama

Os relacionamentos são uma forma maravilhosa de explorar nosso verdadeiro eu e desenvolver nosso caráter. Muitas pessoas correm de um lado para o outro em busca de um caminho espiritual para seguir, quando todo relacionamento que escolhem para si representa parte desse caminho. Neste momento, sua maior lição está implícita neste relacionamento.

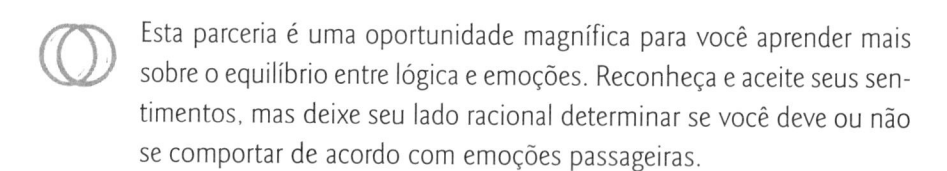 Esta parceria é uma oportunidade magnífica para você aprender mais sobre o equilíbrio entre lógica e emoções. Reconheça e aceite seus sentimentos, mas deixe seu lado racional determinar se você deve ou não se comportar de acordo com emoções passageiras.

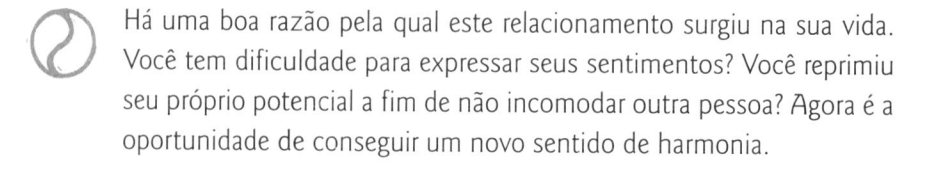 Há uma boa razão pela qual este relacionamento surgiu na sua vida. Você tem dificuldade para expressar seus sentimentos? Você reprimiu seu próprio potencial a fim de não incomodar outra pessoa? Agora é a oportunidade de conseguir um novo sentido de harmonia.

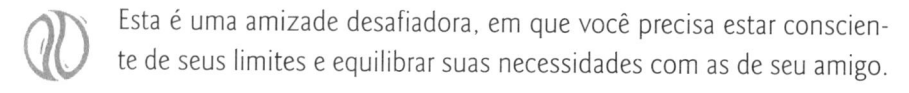 Esta é uma amizade desafiadora, em que você precisa estar consciente de seus limites e equilibrar suas necessidades com as de seu amigo.

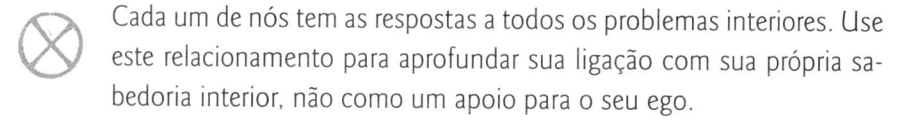 Cada um de nós tem as respostas a todos os problemas interiores. Use este relacionamento para aprofundar sua ligação com sua própria sabedoria interior, não como um apoio para o seu ego.

LINHAS DE MUDANÇA

 É importante assumir o domínio sobre os seus pensamentos. Pensamentos negativos, que talvez tenham se originado quando você era criança, precisam ser erradicados. Tente algumas afirmações positivas.

 O modo como trata a si mesmo se refletirá no modo como os outros o tratam. Se você estiver infeliz sobre algum aspecto de um relacionamento, comece dando a si mesmo o que está buscando na outra pessoa.

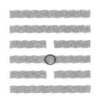 Às vezes, temos de desistir de uma satisfação imediata em favor de uma conquista a longo prazo. Não seja tolo ao aceitar uma segunda colocação.

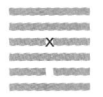 Siga seu coração e seus instintos sobre este assunto. Você e só você é o melhor guia no momento.

 Tentar entender os sentimentos de uma outra pessoa não vai ajudar neste caso. Você precisa prestar atenção tanto ao que lhe dizem como também ao verdadeiro comportamento desta pessoa. A lógica, não a emoção, é a chave.

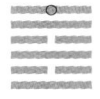 Você pode resolver quaisquer dificuldades que venha a deparar mergulhando dentro de si mesmo, libertando-se das expectativas das outras pessoas e abrindo seu coração. A resposta virá à luz através da concentração.

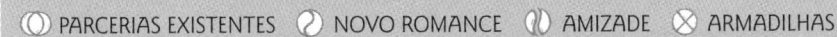   PARCERIAS EXISTENTES · NOVO ROMANCE · AMIZADE · ARMADILHAS

38. Os Opostos se Atraem

Chama
Lago

Às vezes, o conflito pode ser revitalizador e servir de estímulo para uma reflexão. Este relacionamento pode dar certo por algum tempo, contanto que vocês respeitem o ponto de vista um do outro. Mas é difícil (embora não impossível) ter um relacionamento bem-sucedido a longo prazo, em que os valores e crenças fundamentais sejam tão contrastantes.

 Esta é uma parceria que impõe um desafio. Você precisa reconhecer que há certas áreas em que o acordo é improvável. Só você pode avaliar a importância dessas áreas para você.

 Usufrua este relacionamento pelo que pode oferecer e não tente prever-lhe as conseqüências. Aprenda a viver no momento.

 Esta é uma amizade complexa, em que os seus valores sobre certas questões estão em conflito acirrado. Não altere seu comportamento nem tente mudar a outra pessoa. Em vez disso, aprenda a se adaptar às diferenças.

 O perigo aqui é que você deixará suas emoções se sobreporem à sua lógica. Não ignore as diferenças em objetivos a longo prazo ou filosofias de vida.

LINHAS DE MUDANÇA

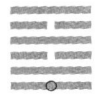 Você não pode contornar as dificuldades deste relacionamento por meio da ação direta. A outra pessoa precisa de tempo para decidir por si mesma como deseja proceder. Aprenda a confiar.

 Você parece estar em desavença com seu parceiro. Uma reviravolta inesperada dos acontecimentos, ou a intervenção de uma terceira pessoa, proporcionará a oportunidade para a reconciliação.

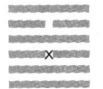 Este relacionamento não teve um bom começo. Tudo o que você pode ver são obstáculos a cada momento. Relaxe. O resultado será bom, contanto que você não fique de cabeça quente nem diga algo que magoe a outra pessoa em função do seu nervosismo.

 No passado você achou difícil encontrar pessoas que pensassem da mesma forma, mas isso está prestes a mudar. Você pode partilhar sua vida com alguém que tenha os mesmos valores e crenças que você.

 Você já encontrou seu parceiro perfeito, mas ainda não o reconheceu como seu verdadeiro amor. Seja paciente, já que a identidade dessa pessoa será revelada em breve. Enquanto isso, procure ser positivo e otimista.

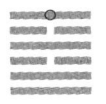 Você parece ter julgado mal alguém. Está com medo do compromisso? Dê a esse alguém uma chance de provar que é digno de confiança, amoroso e leal. Deixe de lado seu medo de intimidade e permita que esse novo romance floresça. Você merece usufruir um relacionamento íntimo e amoroso, pois tem a maturidade emocional necessária para criar uma parceria repleta de realizações.

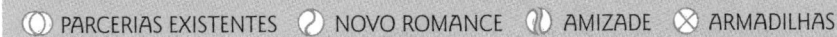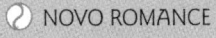 PARCERIAS EXISTENTES 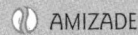 NOVO ROMANCE AMIZADE ⊗ ARMADILHAS

39. Liberte-se de Modelos Ultrapassados

Água
Montanha

Este pode ser um momento de certa exasperação, já que os relacionamentos parecem estar passando por momentos difíceis. A saída é transformar seus próprios pensamentos negativos e se libertar de velhos padrões de comportamento. Isso pode ser mais fácil e divertido de fazer na companhia de pessoas que pensem da mesma forma – talvez por meio de um seminário ou do aconselhamento.

Você pode superar as dificuldades que depara, mudando sua atitude. Evite culpar seu parceiro e concentre-se em ser mais positivo.

Veja este relacionamento como uma oportunidade de criar uma mudança duradoura e significativa, e não como um problema. É o momento certo para você aumentar sua auto-estima e abrir o seu coração.

Não desista desta amizade só porque ela lhe parece incômoda. Aprenda a ser mais atencioso e compassivo.

Evite fugir dos seus problemas. Você tem uma oportunidade verdadeira para desfazer traumas passados e ter um relacionamento em que haja apoio mútuo.

LINHAS DE MUDANÇA

 Não é hora de abordar o problema que você depara. Não o ignore totalmente: simplesmente evite o confronto direto até uma data posterior. Você reconhecerá o momento certo para discutir o problema e ficará contente por ter sido paciente.

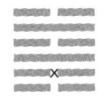 Por difícil que seja, você precisa enfrentar este obstáculo à frente. Não protele nem deixe que as outras pessoas minem sua determinação de resolver o problema. Se necessário, busque a ajuda dos amigos ou da família.

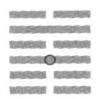 É sua vez de se desculpar ou de ceder de bom grado à vontade do parceiro. Você pode usufruir uma reconciliação apaixonada se for sincero em suas desculpas e se estiver preparado para fazer jus a suas palavras com padrões novos de comportamento.

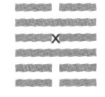 Você dispõe de informações insuficientes para resolver o problema. Você precisa do apoio dos amigos ou de especialistas neste tipo de problema. Isso lhe proporcionará os conselhos e o apoio de que precisa para enfrentar o problema com êxito.

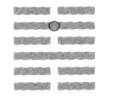 Aqui você faz o papel do professor, e esta é a oportunidade de ajudar o seu parceiro a superar alguma dificuldade. Aproveite ao máximo o apoio dos amigos e da família. Não se sinta derrotado; você tem o equilíbrio emocional necessário para lidar com esta situação de maneira bem-sucedida.

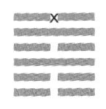 Não desista da idéia de ter um bom relacionamento. As perspectivas para a parceria atual são boas, contanto que você use com bom senso todo o equilíbrio emocional que desenvolveu.

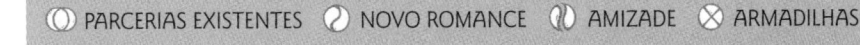

⊙ PARCERIAS EXISTENTES   ◐ NOVO ROMANCE   ◑ AMIZADE   ⊗ ARMADILHAS

40. Perdoar

Trovão
Água

É hora de perdoar a si mesmo e ao seu parceiro. As dificuldades que você enfrentou estão sendo resolvidas. Tente recorrer agora a algo que estabilize suas emoções. Não faça alarde do seu êxito recente ao persuadir seu parceiro a aceitar suas condições.

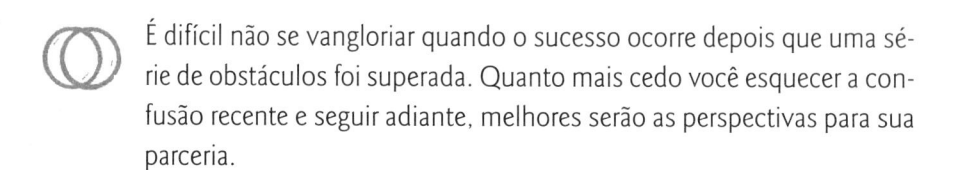 É difícil não se vangloriar quando o sucesso ocorre depois que uma série de obstáculos foi superada. Quanto mais cedo você esquecer a confusão recente e seguir adiante, melhores serão as perspectivas para sua parceria.

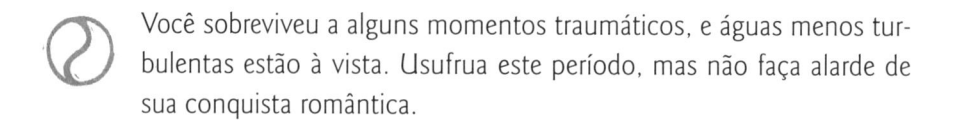 Você sobreviveu a alguns momentos traumáticos, e águas menos turbulentas estão à vista. Usufrua este período, mas não faça alarde de sua conquista romântica.

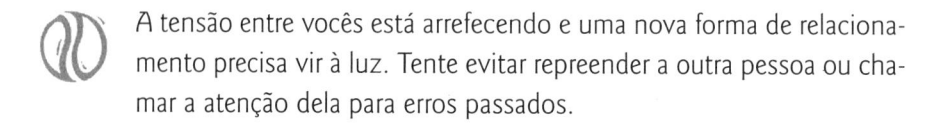 A tensão entre vocês está arrefecendo e uma nova forma de relacionamento precisa vir à luz. Tente evitar repreender a outra pessoa ou chamar a atenção dela para erros passados.

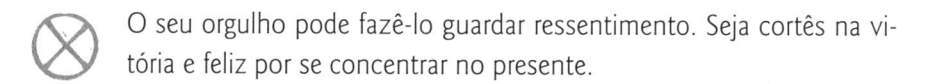 O seu orgulho pode fazê-lo guardar ressentimento. Seja cortês na vitória e feliz por se concentrar no presente.

LINHAS DE MUDANÇA

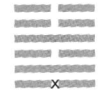 Este é um momento de relaxar e usufruir a companhia um do outro. Reserve bastante tempo para que vocês fiquem a sós e redescubram seu amor e paixão. Se possível, façam um passeio romântico no fim de semana ou revivam seu primeiro encontro.

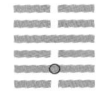 Não faça tempestade em copo d'água. Seus piores problemas acabaram, e os que restam você pode tratar com calma e confiança. Passe algum tempo visualizando um sentimento maior de paz e harmonia, em vez de ficar revivendo mentalmente seus conflitos.

 Você não é invencível. Pode ser muito bom ter resolvido com êxito um velho problema, mas isso não significa que você agora tenha uma varinha mágica que possa transformar um amigo em namorado.

 Enquanto você estava passando por uma época difícil com seu parceiro, você se aproximava de pessoas com quem tinha pouco em comum. Agora é hora de se concentrar de novo no seu parceiro.

 Você tem o poder interior de se libertar deste relacionamento problemático. Você merece ter um relacionamento gratificante. Tome quaisquer medidas necessárias para assegurar um futuro com muito amor.

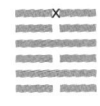 Você está preparado e pronto para agir. O que o está impedindo? Você terá êxito se agir rápida e adequadamente para pôr fim a esta época de conflito emocional. Lembre-se, você tem a capacidade de criar mais alegria e felicidade em sua vida. Não fique na retaguarda.

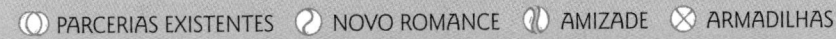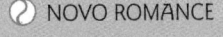 PARCERIAS EXISTENTES 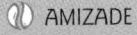 NOVO ROMANCE 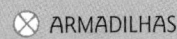 AMIZADE ⊗ ARMADILHAS

41. Desapego

Montanha
Lago

Quando o amor acaba, é melhor seguir em paz. Se você se revoltar e tentar convencer a outra pessoa a ficar com você, isso servirá simplesmente para prolongar o sofrimento. É hora de se valer dos seus recursos interiores. Tentem se separar como amigos, não inimigos.

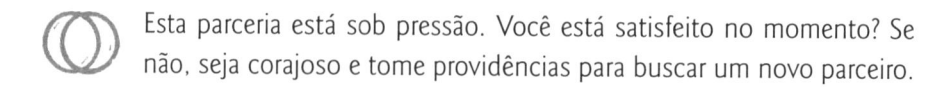

Esta parceria está sob pressão. Você está satisfeito no momento? Se não, seja corajoso e tome providências para buscar um novo parceiro.

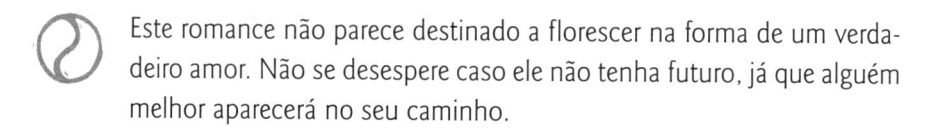

Este romance não parece destinado a florescer na forma de um verdadeiro amor. Não se desespere caso ele não tenha futuro, já que alguém melhor aparecerá no seu caminho.

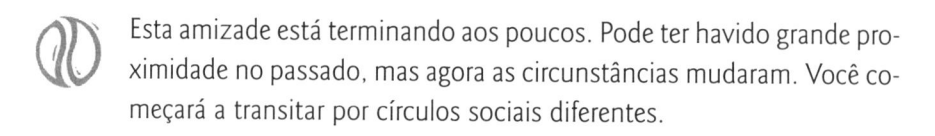

Esta amizade está terminando aos poucos. Pode ter havido grande proximidade no passado, mas agora as circunstâncias mudaram. Você começará a transitar por círculos sociais diferentes.

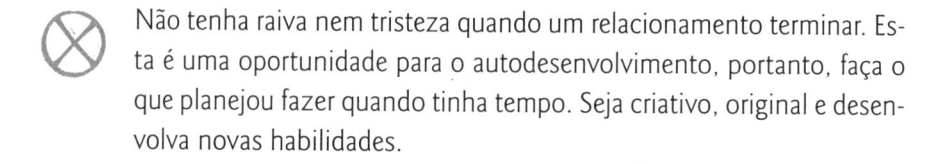

Não tenha raiva nem tristeza quando um relacionamento terminar. Esta é uma oportunidade para o autodesenvolvimento, portanto, faça o que planejou fazer quando tinha tempo. Seja criativo, original e desenvolva novas habilidades.

LINHAS DE MUDANÇA

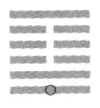 Não tire vantagem de alguém que o ama mais do que você a ele. Seja honesto sobre suas intenções. Isso causará menos sofrimento no final das contas e assegurará que seu parceiro não se torne hostil nem violento.

 O verdadeiro amor não significa sacrificar-se no altar do ego de outra pessoa. Permaneça fiel a si mesmo. Não deixe de lado todos os seus sonhos a fim de aumentar a auto-estima do seu parceiro.

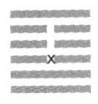 Se você está preso num triângulo amoroso, esteja atento – ele se dissolverá rapidamente. Não aceite ficar em segundo plano. Se você resolver partir, poderá achar um parceiro apropriado, preparado para se comprometer somente com você.

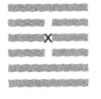 Tente ser menos crítico consigo mesmo e com os outros. Esteja disposto a conhecer pessoas que normalmente não são do seu tipo. Experimente e divirta-se. Tente ver além das aparências e explorar objetivos e valores mútuos.

 Você está destinado a encontrar seu verdadeiro amor e a usufruir um relacionamento mutuamente satisfatório. Acredite que seu parceiro perfeito chegará no momento apropriado.

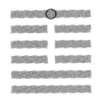 Use a sabedoria e o entendimento que você desenvolveu para ajudar os outros a melhorar seus relacionamentos. Partilhe sua alegria e felicidade com os amigos e a família. Você pode se tornar um mentor de um outro membro da família, que está se batendo com dificuldades de relacionamento.

PARCERIAS EXISTENTES   NOVO ROMANCE   AMIZADE   ARMADILHAS

42. Quando o Amor Floresce

Vento
Trovão

Este é um momento muito especial, quando o amor pode se aprofundar e você criar um vínculo duradouro com o seu parceiro. Aproveite esta época com sabedoria e você poderá colher o benefício dela para o resto da vida.

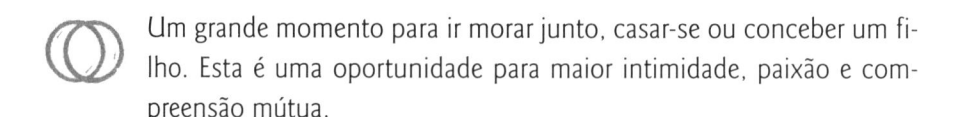 Um grande momento para ir morar junto, casar-se ou conceber um filho. Esta é uma oportunidade para maior intimidade, paixão e compreensão mútua.

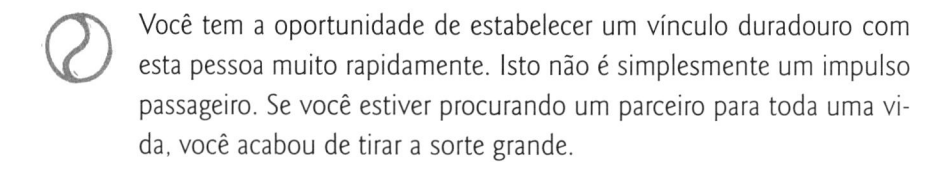 Você tem a oportunidade de estabelecer um vínculo duradouro com esta pessoa muito rapidamente. Isto não é simplesmente um impulso passageiro. Se você estiver procurando um parceiro para toda uma vida, você acabou de tirar a sorte grande.

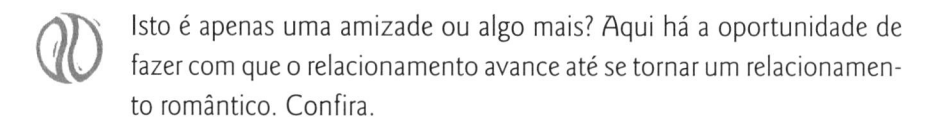 Isto é apenas uma amizade ou algo mais? Aqui há a oportunidade de fazer com que o relacionamento avance até se tornar um relacionamento romântico. Confira.

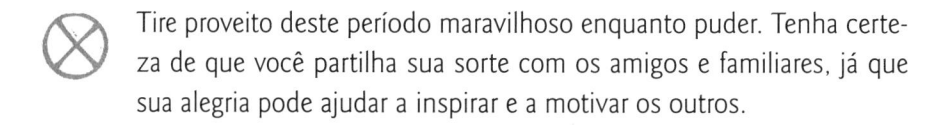 Tire proveito deste período maravilhoso enquanto puder. Tenha certeza de que você partilha sua sorte com os amigos e familiares, já que sua alegria pode ajudar a inspirar e a motivar os outros.

LINHAS DE MUDANÇA

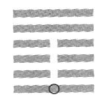 Você tem o apoio e a estabilidade de que precisa para fazer com que seus sonhos se realizem agora. Use a sua nova confiança e vitalidade de maneira sensata. Identifique seus objetivos mútuos e elabore uma estratégia para lograr cada um deles.

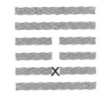 Usufrua o amor e a felicidade que você está sentindo no momento. Não despreze seu parceiro. Conheça seus parentes por afinidade e a família a que você se juntou. Dispense mais tempo ao seu relacionamento e reavalie a quantidade de energia que você despende nos seus compromissos de trabalho.

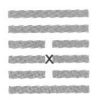 Às vezes são necessários problemas reais para que compreendamos como somos abençoados. Você tem um parceiro maravilhoso, que o ajudará a superar suas dificuldades atuais. Aprenda a confessar seus medos mais profundos e você perceberá que suas preocupações são transitórias.

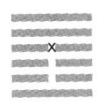 Você está estragando com mimos a pessoa que ama? Está jogando duro para ganhar? Esqueça os joguinhos: essa é uma oportunidade para ter um relacionamento amoroso verdadeiro. Aproveite-a. Abra seu coração, seja honesto com você mesmo e com o seu parceiro.

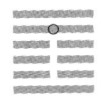 O modo de resolver sua dificuldade é tratar a outra pessoa da forma como você gostaria de ser tratado. Seja amável e atencioso. Você terá sucesso enquanto for honesto, sincero e compassivo.

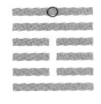 Você está fazendo papel de franco-atirador? Essa não é a forma de descobrir o verdadeiro amor. Se você quiser um parceiro fiel e leal, precisará estar pronto a parar de paquerar e se apegar a um parceiro. A decisão é sua. Reflita sobre ela.

PARCERIAS EXISTENTES   NOVO ROMANCE   AMIZADE   ARMADILHAS

43. Resolução

Lago
Céu

A tensão que se tem formado em sua vida amorosa por causa de determinada pessoa ou problema está em vias de se dissipar. Agora você pode ver claramente o que precisa ser feito para resolver o assunto. Seja lógico e tome a atitude apropriada.

Agora não é hora de se comprometer. O seu coração lhe dirá qual é a atitude certa a tomar. Aja agora.

Se você acabou de conhecer alguém, esta pessoa tem a resposta para o enigma que são as suas emoções. Você terá mais lucidez, e isso o ajudará a identificar a melhor maneira de agir.

Você tem tentado fazer vistas grossas a um problema? Você recorreu a meias-verdades e omissões? Agora é hora de ser honesto e franco, mesmo que isso signifique terminar o relacionamento.

Olhe para dentro de si, certifique-se de que sabe o que quer e lute por isso. Foi-se o tempo de ficar em cima do muro. Se você não tomar uma posição agora, lamentará depois a oportunidade perdida e isso só aumentará seu pesar.

LINHAS DE MUDANÇA

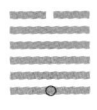 Agora que você identificou um caminho a seguir, dê um passo de cada vez. Ainda falta algo que você precisa descobrir se quiser assegurar uma transição branda.

 Se você preparou o terreno e resolveu seus próprios conflitos emocionais, então tudo dará certo. Evite transmitir mensagens dúbias ou você causará mais sofrimento. Apegue-se à sua decisão e não dê mais chance ao seu parceiro.

 Ainda não é hora de você avançar, mesmo que os outros o critiquem por ser fraco ou indeciso. Siga seu coração: você saberá a hora oportuna para fazer seu ultimato.

 Você gostaria que as coisas se resolvessem já, se não ontem. Não há nada premente no momento. Tente ter paciência. Há outra pessoa envolvida neste assunto.

 Você tomou sua decisão, portanto, não vacile. Apegue-se à avaliação lógica do que é do seu interesse máximo. Não deixe que a tristeza passageira ou que momentos de luxúria o impeçam de fazer a ruptura. Faça-a agora.

 Você acha que resolveu os problemas, mas no fundo de sua alma há uma semente de dúvida – ela deitou raízes? Se você deixar que isso aconteça, você se colocará numa posição traumática.

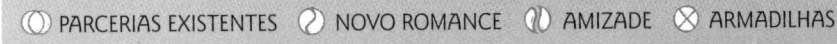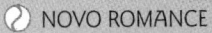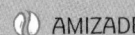
PARCERIAS EXISTENTES ● NOVO ROMANCE ● AMIZADE ● ARMADILHAS

44. Possíveis Armadilhas

Céu
Vento

Você precisa manter a guarda. Uma antiga chama ou um padrão emocional negativo está reaparecendo em sua vida. Ainda há algum problema não-resolvido. Se você não quiser passar por uma estagnação emocional, aproveite esta oportunidade para lançar fora seus pensamentos negativos sobre o amor e a intimidade.

 O seu relacionamento parece passar por fases? Você reconhece o começo de um ciclo descendente? Use essa consciência para mudar o antigo padrão.

 Trata-se de outra pessoa, mas o relacionamento lembra fracassos passados. Mude seu modo de pensar.

 Você pode ter pensado que resolveu questões importantes entre você e outra pessoa, mas ela porá à prova seu temperamento. Seja duro se necessário.

 É muito fácil adotar de modo despercebido velhos padrões negativos e voltar a antigos amores. Isso significa que você precisa curar aquela parte de você que acredita não merecer um relacionamento de amor gratificante.

LINHAS DE MUDANÇA

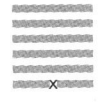 Se você deixar que esta situação siga seu curso, terá um grande problema nas mãos. Aja rapidamente para cortar o mal pela raiz. Faça tudo o que for preciso para terminar este relacionamento de uma vez por todas.

 Não há nenhuma necessidade de fazer um ultimato. Se você permanecer firme e se apegar a seus princípios, saberá administrar muito bem esta situação sem que ela se complique. O tempo está a seu favor.

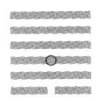 Você preferiria seguir o ponto de vista de outra pessoa, mesmo que não concordasse com ela. As circunstâncias intervirão e você terá uma oportunidade ideal para expressar sua oposição.

 Tente não deixar traço de rancor entre vocês. Seja delicado e firme. A outra pessoa pode tentar apegar-se ao passado, mas não deixe que se apegue a você.

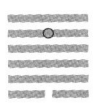 No momento pode não parecer que você pode vencer, mas você vencerá. Seus pontos de vista serão aceitos de bom grado no devido tempo. Mantenha suas opiniões, espere e veja como os acontecimentos conspiram para lhe trazer tudo o que você quis.

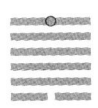 Se você se apegar a seus princípios, poderá acabar ficando sozinho. Se você ceder, sofrerá. Siga seu coração e se prepare para o sucesso futuro em outro lugar, num relacionamento mais saudável, estável e gratificante.

 PARCERIAS EXISTENTES NOVO ROMANCE AMIZADE ARMADILHAS

45. Encontro de Almas

Lago
Terra

Este é um momento de inspiração, quando os relacionamentos podem se desenvolver e florescer. Mas é importante não negligenciar seu próprio desenvolvimento. Cuidado para não perder sua identidade na parceria: não sacrifique seus objetivos pelos da outra pessoa.

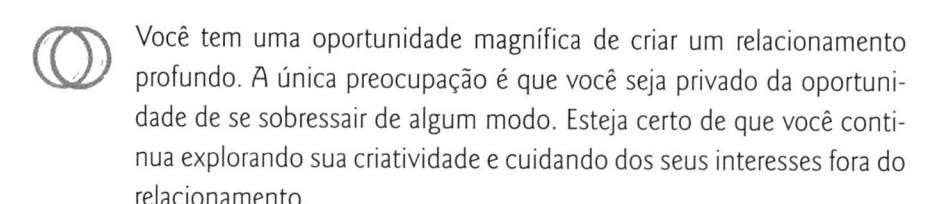 Você tem uma oportunidade magnífica de criar um relacionamento profundo. A única preocupação é que você seja privado da oportunidade de se sobressair de algum modo. Esteja certo de que você continua explorando sua criatividade e cuidando dos seus interesses fora do relacionamento.

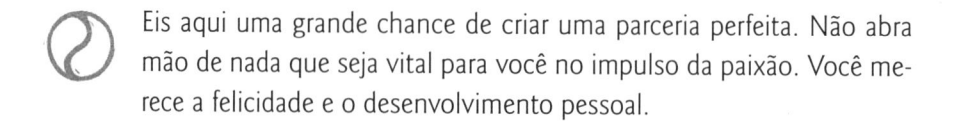 Eis aqui uma grande chance de criar uma parceria perfeita. Não abra mão de nada que seja vital para você no impulso da paixão. Você merece a felicidade e o desenvolvimento pessoal.

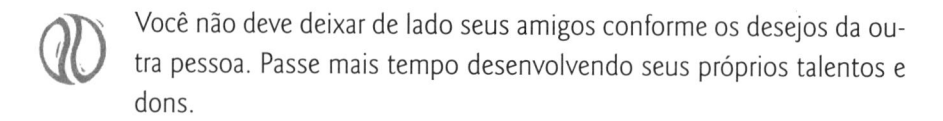 Você não deve deixar de lado seus amigos conforme os desejos da outra pessoa. Passe mais tempo desenvolvendo seus próprios talentos e dons.

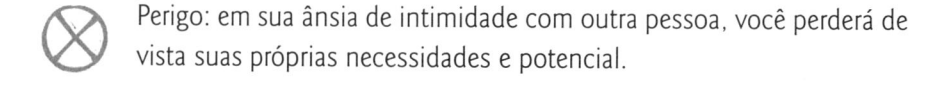 Perigo: em sua ânsia de intimidade com outra pessoa, você perderá de vista suas próprias necessidades e potencial.

LINHAS DE MUDANÇA

 Vale a pena ir atrás deste relacionamento. Não dê ouvidos a fofocas nem a amigos equivocados que tentarão influenciar sua decisão. Siga seu coração e explore o potencial para a paixão desta parceria.

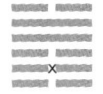 Você terá a impressão de conhecer esta pessoa desde há muito. Agora é o momento certo para esta parceria. O relacionamento se desenvolverá naturalmente. Aproveite, enquanto cria uma base estável para um amor duradouro.

 O objeto de seu desejo é descomprometido? Se não, seria melhor voltar sua atenção para outra pessoa. Há um parceiro em potencial entre seus conhecidos. Não fique tentado a fazer parte de um triângulo.

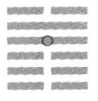 Um caso de amor verdadeiro. Vocês podem aumentar o bem-estar emocional um do outro e dar o apoio necessário para que ambos tenham sucesso no mundo exterior. Celebre seu amor com espontaneidade e alegria.

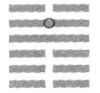 Uma outra pessoa pode tentar interferir neste relacionamento. As pessoas são freqüentemente atraídas pelo que não podem ter. Permaneça fiel a seu parceiro e não seja tentado a ter uma aventura.

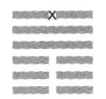 Você está interessado em ter um relacionamento com alguém, mas esse alguém não compreende seu modo de agir. Nem tudo está perdido. No seu devido tempo, você pode travar um relacionamento próspero com esta pessoa.

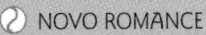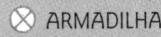

◐ PARCERIAS EXISTENTES ◍ NOVO ROMANCE ◐ AMIZADE ⊗ ARMADILHAS

46. Vale a Pena

Terra
Vento

Você pode realizar o progresso que deseja neste relacionamento. Contudo, você tem de ter determinação e se empenhar incansavelmente para alcançar seu objetivo. Você também precisará achar meios de contornar os obstáculos que depara. Com garra e persistência você poderá ser bem-sucedido.

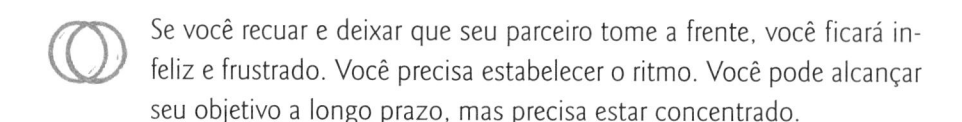

Se você recuar e deixar que seu parceiro tome a frente, você ficará infeliz e frustrado. Você precisa estabelecer o ritmo. Você pode alcançar seu objetivo a longo prazo, mas precisa estar concentrado.

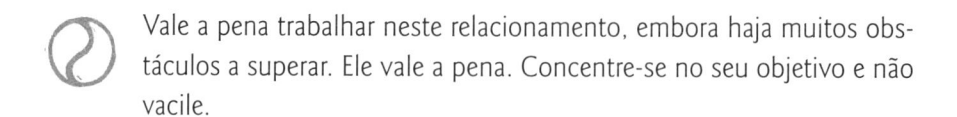

Vale a pena trabalhar neste relacionamento, embora haja muitos obstáculos a superar. Ele vale a pena. Concentre-se no seu objetivo e não vacile.

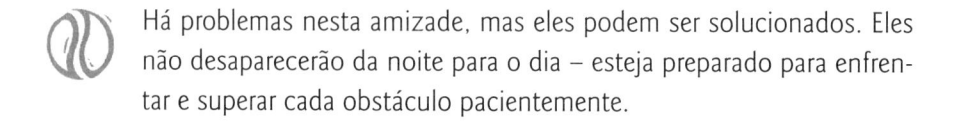

Há problemas nesta amizade, mas eles podem ser solucionados. Eles não desaparecerão da noite para o dia – esteja preparado para enfrentar e superar cada obstáculo pacientemente.

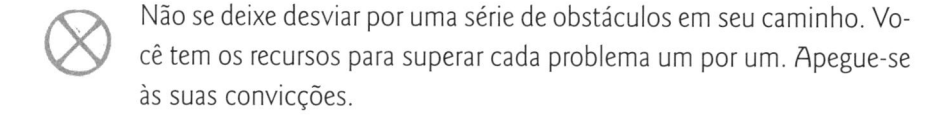

Não se deixe desviar por uma série de obstáculos em seu caminho. Você tem os recursos para superar cada problema um por um. Apegue-se às suas convicções.

LINHAS DE MUDANÇA

 Se você acabou de descobrir que há um problema em seu relacionamento, não se preocupe. Você tem condições de resolver esta questão. Tome uma atitude imediata para confrontar seu parceiro com relação a este assunto e assegure-se de que a atitude seja rápida para fazer face à situação.

 Às vezes, o tato é o ingrediente que está faltando na sua abordagem para resolver o problema. Procure pensar antes de falar. No final das contas, a sua sinceridade triunfará, mas sua rispidez poderia causar ao seu parceiro um sofrimento desnecessário.

 Agora é um grande momento para tratar dos problemas do relacionamento. Você pode rápida e facilmente resolver todas as questões desta vez. Pense antes de falar. Esta questão não é tão séria quanto parecia a princípio.

 Se você quiser fazer mudanças duradouras e mutuamente benéficas no seu relacionamento, vá em frente. Você tem uma grande oportunidade de ter mais satisfação no campo sentimental.

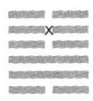 Você está achando fácil persuadir seu parceiro a aceitar seu modo de pensar. Você ganhou a batalha, mas não a guerra. Mantenha os canais de comunicação abertos.

 Você realmente sabe o que quer deste relacionamento? Não exerça pressão em favor do que quer. Faça uma pausa e reflita sobre que circunstâncias realmente o satisfariam neste momento.

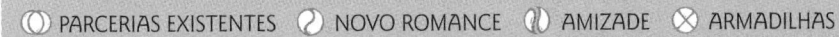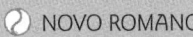 PARCERIAS EXISTENTES 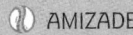 NOVO ROMANCE AMIZADE ⊗ ARMADILHAS

47. Isolamento

Lago
Água

Este é um período em que o que você diz e faz parece exercer pouco efeito sobre os outros. Não há nenhum sentido em se empenhar em tentar persuadi-los. Seja fiel ao seu coração.

Se sentir que está dando murro em ponta de faca, você está certo. Este é um período de mal-estar, nada que você possa dizer alterará as coisas. Espere o momento propício.

Pode haver certa atração aqui, mas há muito pouco diálogo. Você quer um relacionamento com alguém que não está preparado para ouvir seu ponto de vista?

Se possível, dê um tempo nesta amizade. No momento, ela é frustrante e não oferece apoio. A outra pessoa não está disposta a entender sua maneira de pensar.

Não se deixe abater pela sensação de que não consegue se ligar profundamente às pessoas. Simplesmente não é a hora certa. Cuide de si mesmo e explore seu lado criativo até as condições mudarem.

LINHAS DE MUDANÇA

 Infelizmente este relacionamento não está tomando o caminho que você gostaria. Embora não possa alterar o resultado, você pode escolher como reagir. Não se entregue à autopiedade.

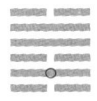 À primeira vista este relacionamento parece dar-lhe a segurança emocional e o apoio material de que você precisa. Porém, falta a chama da paixão. Uma nova pessoa ou uma reviravolta nos acontecimentos em pouco trará a paixão para a sua vida.

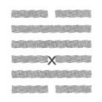 Sua mente está confusa, fazendo com que você se sinta desorientado. No momento, você não consegue perceber sua situação claramente e não sabe em quem confiar. Se isso continuar você ficará esgotado emocionalmente e afundará na depressão.

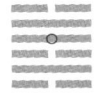 Siga o seu caminho. Os conselhos que amigos e parentes estão dando podem ser sinceros, mas não o ajudarão a superar os problemas que você depara. Siga seu coração neste assunto e tome atitudes enérgicas.

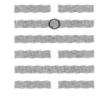 Você fez o melhor que pôde. Seguiu seu coração com honestidade e integridade. Seus verdadeiros amigos o apoiarão neste período difícil. Apegue-se aos seus princípios.

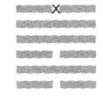 Você pode se libertar deste relacionamento. Acredite que você merece e ganhará mais amor e respeito. Quando você se decidir a fazer uma mudança se sentirá muito melhor.

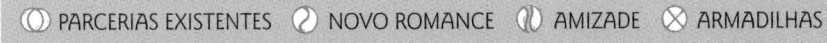 PARCERIAS EXISTENTES NOVO ROMANCE AMIZADE ⊗ ARMADILHAS

48. Compromisso

Água
Vento

O compromisso é o que mantém os relacionamentos. O problema aqui é uma questão de forma. Que tipo de relacionamento você quer? O casamento é importante para você? Você precisa concordar sobre problemas práticos tais como propriedade, dinheiro ou filhos?

É hora de tornar sua parceria oficial? Este é um período interessante, em que o modo como você apresenta seu par para o mundo exterior é vitalmente importante. Não tenha medo de formalizar seu compromisso.

Se você acabou de conhecer alguém, certifique-se de que ele não é comprometido. Também certifique-se de que não há grandes obstáculos da parte de amigos ou da família.

Se você transpuser os limites, descobrirá que o apoio de seu amigo vai diminuir. É vital que você não conte muito com ninguém, caso contrário as pessoas se afastarão totalmente.

Perigo: por causa do entusiasmo, do medo ou da necessidade você sugará as energias da outra pessoa. Procure manter o equilíbrio emocional e não cumule o seu parceiro de exigências descabidas.

LINHAS DE MUDANÇA

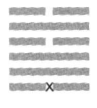 Quando um relacionamento termina, é melhor simplesmente seguir em frente. Não há nenhuma satisfação em reviver mentalmente o passado. Desapegue-se ou você ficará deprimido e frustrado.

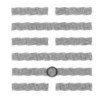 Há o potencial para um relacionamento maravilhoso, mas a um de vocês falta o comprometimento necessário. Infelizmente nenhum progresso pode ocorrer nesta situação. É melhor desistir agora do que prolongar o período de sofrimento.

 Você está pronto e disposto a ter um relacionamento monogâmico, mas nenhum parceiro está disponível no momento. Permaneça fiel a seus princípios. A pessoa certa para você aparecerá no tempo certo.

 Esta é uma época de preparação e trabalho interior. Você está desfazendo antigos bloqueios à sua felicidade. Os resultados serão bons a longo prazo. Por ora, agradeça pelas bênçãos que tem e seja paciente.

 Este relacionamento está um pouco estagnado no momento. Vocês sabem o que querem, mas ainda não chegaram a um acordo quanto a alcançar o que desejam. Aja prontamente ou você perderá a oportunidade de expressar suas emoções.

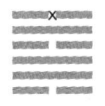 Sua parceria é uma fonte contínua de inspiração e satisfação emocional. Qualquer obstáculo exterior só serve para fortalecer seu relacionamento. Reserve tempo para dizer a seu parceiro como aprecia o amor e o apoio que ele lhe dá.

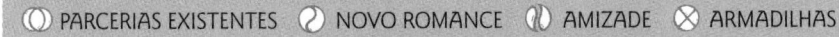 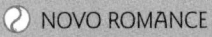 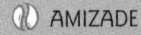 PARCERIAS EXISTENTES NOVO ROMANCE AMIZADE ARMADILHAS

49. Mudança Radical

Lago
Chama

Este é um momento de uma mudança brusca. Viabilizar esta mudança e tomar as medidas necessárias requer visão, persistência e força. Se você não está tendo o que quer do seu relacionamento, aproveite este momento e siga o desejo do seu coração.

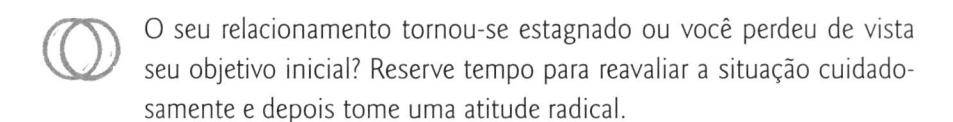 O seu relacionamento tornou-se estagnado ou você perdeu de vista seu objetivo inicial? Reserve tempo para reavaliar a situação cuidadosamente e depois tome uma atitude radical.

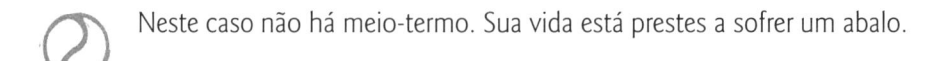 Neste caso não há meio-termo. Sua vida está prestes a sofrer um abalo.

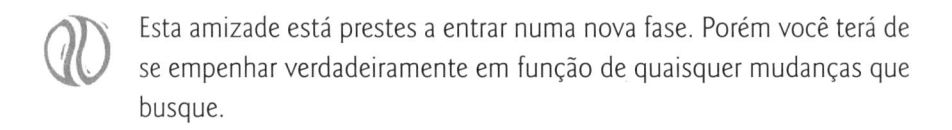 Esta amizade está prestes a entrar numa nova fase. Porém você terá de se empenhar verdadeiramente em função de quaisquer mudanças que busque.

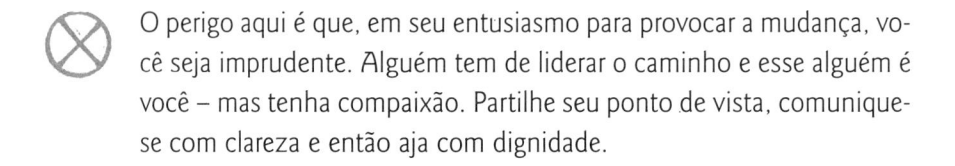 O perigo aqui é que, em seu entusiasmo para provocar a mudança, você seja imprudente. Alguém tem de liderar o caminho e esse alguém é você – mas tenha compaixão. Partilhe seu ponto de vista, comunique-se com clareza e então aja com dignidade.

LINHAS DE MUDANÇA

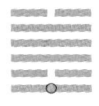 Você pode ver claramente que mudanças você gostaria de fazer. Porém agora não é hora de tomar a iniciativa. Seja paciente. Aproveite esse tempo de espera para ser mais criativo e imaginar soluções possíveis para os problemas da sua vida.

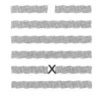 Você não tem nenhuma alternativa a não ser tomar uma atitude drástica. Prepare-se cuidadosamente e tenha certeza de que você tem o apoio dos amigos e da família. Não seja orgulhoso demais para pedir apoio emocional, dinheiro ou mesmo um abrigo se necessário.

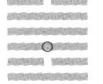 O tempo aqui é crucial. Há algum tempo você se sente mal com a situação em que está. Primeiro, tente argumentar com o seu parceiro. Segundo, tente conseguir a ajuda de uma outra pessoa. Em terceiro lugar, tente causar certo espanto em seu parceiro com um ultimato. Se tudo isso falhar, pense na possibilidade de um rompimento definitivo.

 Se você tiver bases razoáveis para a ação, conseguirá o apoio dos amigos e da família ao levar a efeito uma ruptura. O nível de ajuda que você receberá será agradavelmente surpreendente.

 Você já se decidiu e começou as mudanças que busca. Confie em seu instinto. Você está no caminho certo e seu parceiro concordará com suas solicitações no devido tempo.

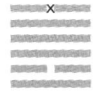 Depois que alcançou seu objetivo, não tente forçar as coisas no que concerne à ajuda da outra pessoa. Contente-se com seu progresso atual. Se você pressionar seu parceiro ainda mais, poderá pôr em risco o que já conseguiu.

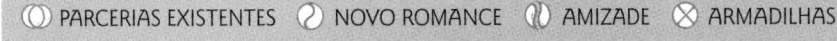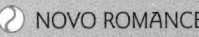 ⦿ PARCERIAS EXISTENTES ⦿ NOVO ROMANCE ⦿ AMIZADE ⊗ ARMADILHAS

50. Alimento Espiritual

Chama
Vento

Seu relacionamento é forte e de mútuo apoio, pois está baseado no amor e no respeito. Independentemente do que houver no mundo exterior, juntos vocês serão capazes de tomar as decisões corretas e as atitudes apropriadas. Não se deixe deter por adiamentos ou obstáculos passageiros, já que eles só fortalecerão o vínculo que vocês partilham.

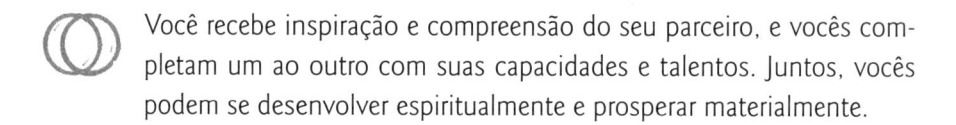 Você recebe inspiração e compreensão do seu parceiro, e vocês completam um ao outro com suas capacidades e talentos. Juntos, vocês podem se desenvolver espiritualmente e prosperar materialmente.

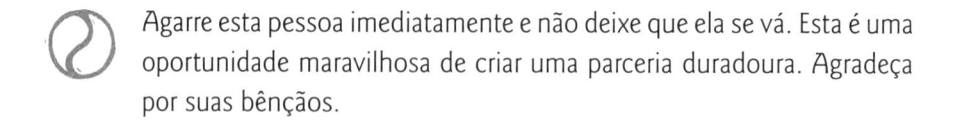 Agarre esta pessoa imediatamente e não deixe que ela se vá. Esta é uma oportunidade maravilhosa de criar uma parceria duradoura. Agradeça por suas bênçãos.

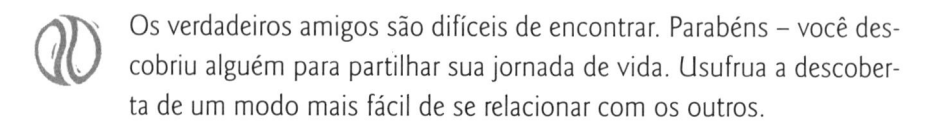 Os verdadeiros amigos são difíceis de encontrar. Parabéns – você descobriu alguém para partilhar sua jornada de vida. Usufrua a descoberta de um modo mais fácil de se relacionar com os outros.

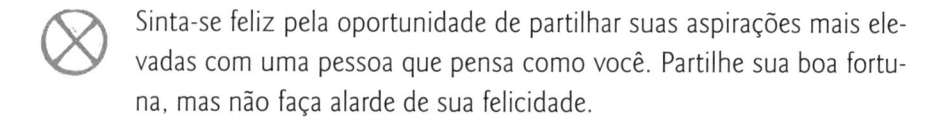 Sinta-se feliz pela oportunidade de partilhar suas aspirações mais elevadas com uma pessoa que pensa como você. Partilhe sua boa fortuna, mas não faça alarde de sua felicidade.

LINHAS DE MUDANÇA

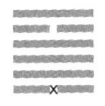 Você tem a oportunidade de transformar este relacionamento em algo mais gratificante. Contudo, você precisa primeiro se libertar do fardo emocional do passado, já que ele está pesando.

 Concentre-se em seu parceiro e não dê ouvidos a fofocas da parte de estranhos. Seja fiel a si mesmo e tente evitar discussões sobre a natureza de seu relacionamento com os amigos e com a família.

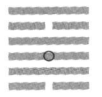 Seu parceiro ainda não compreendeu o tesouro que você é. Seu zelo e natureza apaixonada serão reconhecidos em breve. Este relacionamento prosperará no devido tempo.

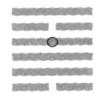 Você está sendo leviano com a pessoa a quem diz que ama. Nenhum bem advirá disso. Aprume-se, olhe bem para si mesmo e pare de se enganar. Só você sabe quem você realmente ama, mas está na hora de partilhar esse conhecimento com o parceiro.

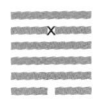 Se já encontrou um parceiro confiável, então você está prestes a encontrar o par perfeito. Permaneça fiel a seus sonhos e não opte por uma aventura passageira. Você reconhecerá a pessoa certa imediatamente e quaisquer dúvidas a curto prazo que você possa ter se dissiparão rapidamente.

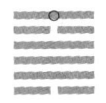 Esta é uma parceria excelente, que dá certo tanto no nível emocional quanto físico. Vocês também têm afinidades espirituais e conseguem se comunicar facilmente um com o outro.

 PARCERIAS EXISTENTES 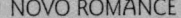 NOVO ROMANCE AMIZADE ARMADILHAS

51. Notícias Inesperadas

Trovão
Trovão

Você está diante de uma grande surpresa. Há pouco sentido em tentar antecipar o que está acontecendo. Ou o seu relacionamento está prestes a sofrer um abalo ou, se você for solteiro, prepare-se para ficar encantado com alguém. O modo como você reagirá a esta mudança da sorte depende da sua personalidade.

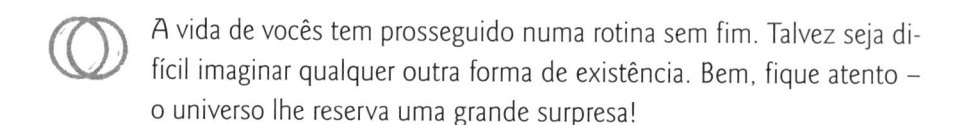

A vida de vocês tem prosseguido numa rotina sem fim. Talvez seja difícil imaginar qualquer outra forma de existência. Bem, fique atento – o universo lhe reserva uma grande surpresa!

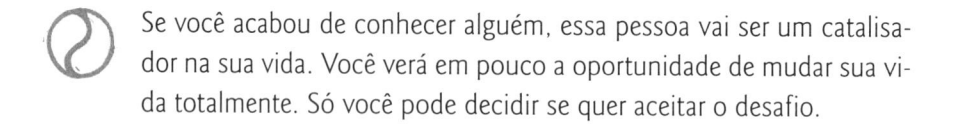

Se você acabou de conhecer alguém, essa pessoa vai ser um catalisador na sua vida. Você verá em pouco a oportunidade de mudar sua vida totalmente. Só você pode decidir se quer aceitar o desafio.

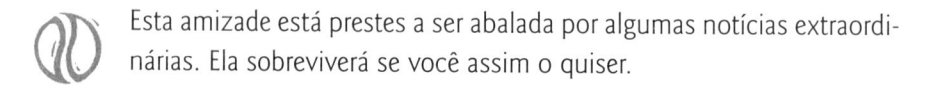

Esta amizade está prestes a ser abalada por algumas notícias extraordinárias. Ela sobreviverá se você assim o quiser.

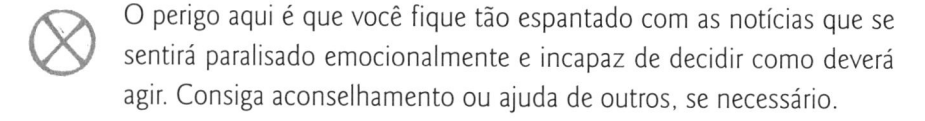

O perigo aqui é que você fique tão espantado com as notícias que se sentirá paralisado emocionalmente e incapaz de decidir como deverá agir. Consiga aconselhamento ou ajuda de outros, se necessário.

LINHAS DE MUDANÇA

 As notícias que você receberá causarão em você um abalo. Você ficará aborrecido e preocupado sobre como enfrentar as coisas. Porém, você triunfará e sairá emocionalmente mais forte da experiência.

 É uma surpresa desagradável quando você perde alguém ou algo que lhe é caro. Não corra atrás do que perdeu nem tente recuperar o que lhe pertenceu no passado. A sua harmonia emocional será restabelecida brevemente.

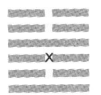 Não se deixe paralisar por esta surpresa. Use a sua mente analítica para encontrar uma estratégia bem-sucedida a fim de que possa recuperar sua estabilidade emocional. Tente achar a mensagem positiva oculta no tumulto.

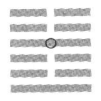 Você tem a impressão de estar emocionalmente isolado das pessoas e do mundo. Há um entorpecimento e relutância quanto a aceitar o que aconteceu. Busque o apoio da família, dos amigos ou de um bom conselheiro.

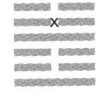 Uma série de pequenas surpresas causa uma turbulência contínua no clima emocional da sua vida. Adapte-se a esse padrão novo e você se tornará mais forte. Se você tentar recuperar o controle, ficará com raiva e frustrado.

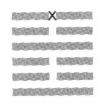 A chave para o sucesso neste momento é a inação. Não dê ouvidos aos amigos nem à família (por mais bem-intencionados) que o incitam a tomar uma posição. Reflita cuidadosamente sobre as coisas.

 PARCERIAS EXISTENTES NOVO ROMANCE AMIZADE ⊗ ARMADILHAS

52. Paz Interior

Montanha
Montanha

Há um momento para agir e outro para plantar as sementes da ação futura na contemplação. Agora é hora de mergulhar dentro de você, achar seu santuário interior de paz e imaginar o futuro que deseja. Use esta oportunidade para se libertar de formas negativas de pensamento e ampliar sua visão de quem você pode se tornar.

Se houver algo em sua vida que o aborrece, agora é hora de refletir sobre isso e pensar em como você gostaria de mudar as coisas. Visualize o que o seu coração deseja e, no devido tempo, tome as medidas necessárias.

Se você acabou de conhecer alguém, houve uma ligação especial entre seus corações. Vocês podem reavivar o espírito um do outro simplesmente estando juntos.

Vocês devem dar atenção à sua necessidade de ficar sozinho. Se seu amigo puder entender isso e se adaptar à circunstância, ótimo. Se não, considere a possibilidade de redefinir os limites de seu relacionamento.

Procure reservar algum tempo só para si. Desenvolva seu poder mental. Não deixe que os outros o convençam a agir precipitadamente nas coisas do coração.

LINHAS DE MUDANÇA

 Você está começando um novo caminho. Antes de entrar neste relacionamento ou adotar um novo padrão de comportamento, certifique-se de que está seguindo o seu coração. Confira se você se recuperou do sofrimento que carregou consigo desde a infância.

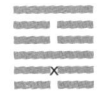 Quando somos levados pelos demônios interiores, é difícil parar. Você pode precisar de aconselhamento ou da ajuda de amigos quanto a romper com esse padrão destrutivo. Explore a sua criatividade, toque música ou faça algum trabalho corporal.

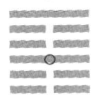 A solução para os seus problemas está na meditação. Também é importante liberar a tensão do seu corpo por meio do exercício e da expressão de sua criatividade. Procure seguir um programa de meditação a longo prazo.

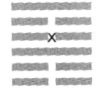 Seu ego pode ter sido arranhado, mas você não perdeu nada essencial. Agradeça pelo que tem, medite e imagine um futuro de mais amor. Tente ampliar seu círculo social e aceite ofertas para iniciar novas atividades.

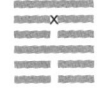 Procure se poupar. Evite fofocas ou abrir o coração indiscriminadamente. Se necessário, busque um conselheiro profissional para analisar seus sentimentos com segurança e confiança.

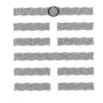 Parabéns! Você está desenvolvendo certa capacidade de se harmonizar com essa fonte interior de paz, cura e inspiração. Lembre-se de que você traz todas as respostas em você. Tente meditar diariamente e manter contato com a natureza. Vá ao parque, compre um ramalhete de flores ou plante algumas sementes.

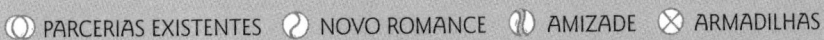 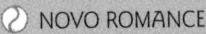 PARCERIAS EXISTENTES 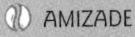 NOVO ROMANCE 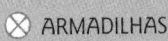 AMIZADE ⊗ ARMADILHAS

53. Um Progresso Tranqüilo

Vento
Montanha

Este é um momento em que os acontecimentos e as pessoas encontrarão uma ordem facilmente. É como se sua vida mudasse de repente e se transformasse numa trilha sem acidentes. Cada passo é a conclusão lógica do passado e o começo da fase seguinte. Usufrua a sensação de acompanhar o curso das coisas.

Tire proveito de sua parceria. Não tente exercer pressão para mudar o jeito como as coisas estão. Se você desejar persuadir seu parceiro do valor de uma abordagem diferente para o relacionamento de vocês, você poderá ser bem-sucedido com o passar do tempo.

Não se precipite neste relacionamento. É provável que a parceria demore um tempo considerável para se desenvolver, assim, seja paciente.

Vocês podem se ajudar mutuamente dando-se amparo e calma. Esta não é a hora para que nenhum de vocês espere que o outro dedique mais tempo à amizade.

O perigo aqui é duplo: ou você desistirá ou tentará exercer demasiada pressão. A dica é: persistência e paciência. Você tem a fórmula para o sucesso.

LINHAS DE MUDANÇA

 Se você acabou de conhecer alguém e não está seguro quanto a convidá-lo para sair, espere e observe. Vocês verão um ao outro novamente no curso natural dos acontecimentos, e você poderá se decidir numa fase posterior sobre como realmente se sente.

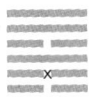 Se você começou a sair com alguém, pode usufruir este período de lua-de-mel. Tenha certeza de não se afastar do seu círculo de amigos.

 A posição é perigosa. Se você estiver tentado a tocar adiante este relacionamento, isso terá um efeito inesperado sobre você. Aguarde o momento oportuno, e então o progresso será possível. Enquanto isso, busque o conselho dos amigos íntimos ou da família.

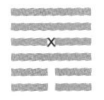 Você precisa recuperar sua compostura e aumentar sua auto-estima. Tente desenvolver outros interesses, conheça as pessoas que pensam como você e, acima de tudo, deixe de se culpar. Você está fazendo o melhor possível.

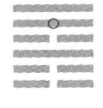 Uma lacuna abriu-se em seu relacionamento e levará tempo para se fechar. Você pode começar esse processo de cura abrindo o seu coração à outra pessoa. Este relacionamento pode prosperar.

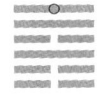 Um momento ideal para aprofundar e consagrar seu relacionamento. Dê graças e certifique-se de que seu parceiro sabe o quanto você é cuidadoso. Aproveite o reacender de sua paixão.

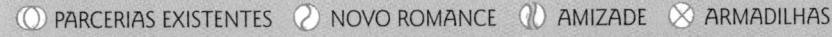 PARCERIAS EXISTENTES NOVO ROMANCE AMIZADE ⊗ ARMADILHAS

54. Breve Encontro

Trovão
Lago

É importante ser honesto consigo mesmo quando você está envolvido com outra pessoa. Dessa forma, você tem uma oportunidade de também ser honesto com a outra pessoa sobre seus reais sentimentos. É muito melhor admitir para alguém que você se envolveu num momento de paixão em vez de mentir a essa pessoa e jurar amor eterno.

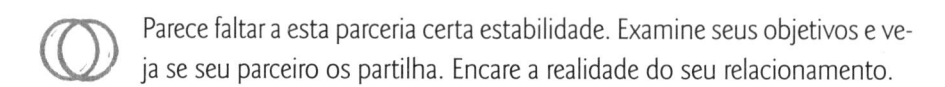 Parece faltar a esta parceria certa estabilidade. Examine seus objetivos e veja se seu parceiro os partilha. Encare a realidade do seu relacionamento.

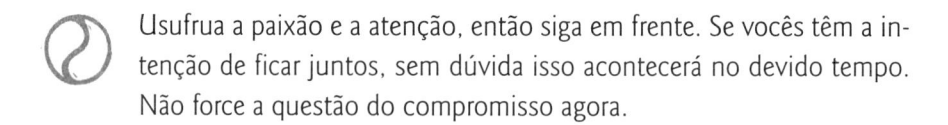 Usufrua a paixão e a atenção, então siga em frente. Se vocês têm a intenção de ficar juntos, sem dúvida isso acontecerá no devido tempo. Não force a questão do compromisso agora.

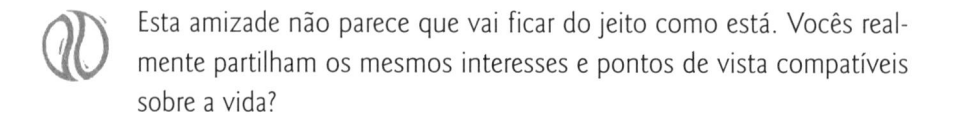 Esta amizade não parece que vai ficar do jeito como está. Vocês realmente partilham os mesmos interesses e pontos de vista compatíveis sobre a vida?

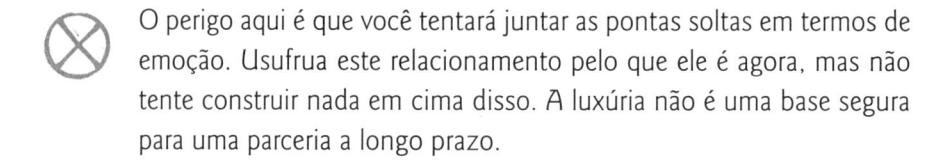 O perigo aqui é que você tentará juntar as pontas soltas em termos de emoção. Usufrua este relacionamento pelo que ele é agora, mas não tente construir nada em cima disso. A luxúria não é uma base segura para uma parceria a longo prazo.

LINHAS DE MUDANÇA

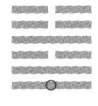 Esta situação é complexa. Os afetos do seu parceiro ainda estão voltados para uma outra pessoa. Se puder viver com isso, tudo bem. Se não, reconsidere seu relacionamento. Você merece ter alguém comprometido somente com você.

 Seu parceiro está sendo fiel? Está passando mais tempo do que você gostaria com os amigos e a família? Com paciência e persistência, você pode fazer este relacionamento funcionar.

 Você parece disposto a trair seus princípios para conseguir seu quinhão de amor. Tente aumentar sua auto-estima e lembre-se de que você merece uma relação de amor e compromisso.

 Você pode achar que foi deixado de lado. Porém, o parceiro ideal para você está prestes a aparecer na sua vida. Tenha certeza de que você não se afasta das pessoas. Dê uma volta por aí.

 Há algumas diferenças fundamentais nas crenças e valores entre você e seu parceiro. Porém, seu amor e bom senso podem sobreviver a esses problemas aparentemente insuperáveis.

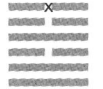 Nenhuma das partes está sendo fiel a si mesma. Vocês estão recuando, talvez por medo. O único modo de ser bem-sucedido é derrubar suas defesas e abrir o coração.

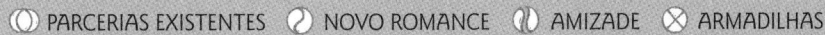 PARCERIAS EXISTENTES 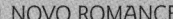 NOVO ROMANCE AMIZADE ARMADILHAS

55. Satisfação

Trovão
Chama

Este é um momento muito precioso, quando seu relacionamento pode alcançar o ápice da paixão e da intimidade. Embora ele não dure para sempre, proporcionará uma satisfação incrível. Portanto aproveite esta experiência extasiante. Sinta-se grato por ter alcançado essa sensação de unidade e não se culpe por sua passagem inevitável.

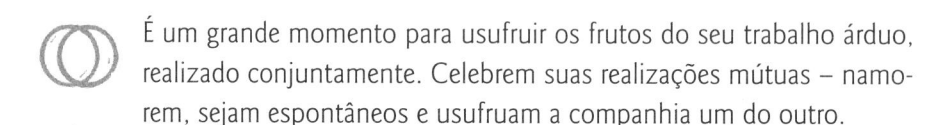 É um grande momento para usufruir os frutos do seu trabalho árduo, realizado conjuntamente. Celebrem suas realizações mútuas – namorem, sejam espontâneos e usufruam a companhia um do outro.

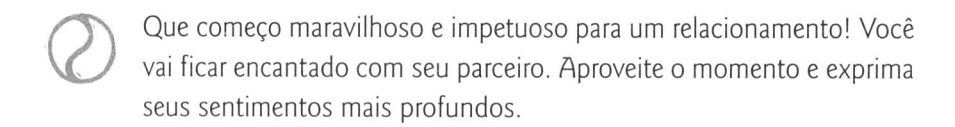 Que começo maravilhoso e impetuoso para um relacionamento! Você vai ficar encantado com seu parceiro. Aproveite o momento e exprima seus sentimentos mais profundos.

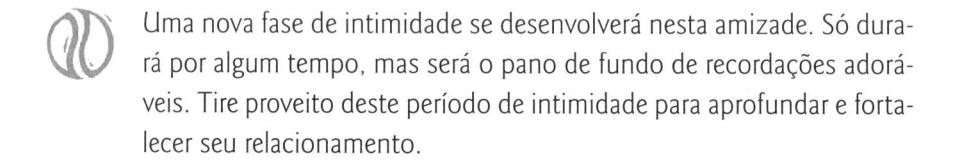 Uma nova fase de intimidade se desenvolverá nesta amizade. Só durará por algum tempo, mas será o pano de fundo de recordações adoráveis. Tire proveito deste período de intimidade para aprofundar e fortalecer seu relacionamento.

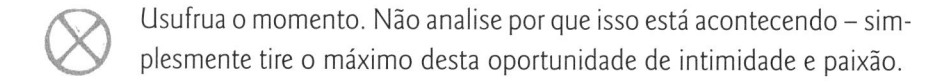 Usufrua o momento. Não analise por que isso está acontecendo – simplesmente tire o máximo desta oportunidade de intimidade e paixão.

LINHAS DE MUDANÇA

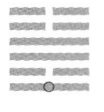 Você não precisa procurar fora deste relacionamento novas experiências, já que você pode ter esses sonhos excitantes e gratificantes com o seu parceiro. Faça o que for necessário para resgatar a paixão de seus primeiros meses juntos.

 Não dê ouvidos a fofocas nem a amigos ciumentos. Sua parceria é especial e única. Usufruam e planejem um futuro juntos. Conversem sobre a possibilidade de aprofundar o compromisso entre vocês.

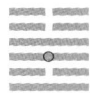 Este relacionamento está passando por um terreno pedregoso. É como se vocês tivessem esquecido o que uma vez os uniu. Tentem se lembrar do que primeiro os atraiu um ao outro. Quanto a você, reserve tempo para elogiar as qualidades do seu companheiro em vez de se concentrar nas coisas negativas.

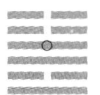 Um período maravilhoso está por vir. Para tirar o máximo proveito dele, passe algum tempo pensando em como você gostaria que fosse o futuro. Então, você pode fazer planos concretos para realizar seus objetivos juntos.

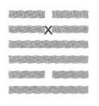 Você tem muito amor e apoio ao seu redor. Você esteve esperando o momento certo para começar um projeto dos seus sonhos, e este é o momento. Vá em frente. Seu parceiro, seus amigos e sua família o surpreenderão com sua inventividade e apoio prático.

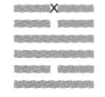 Se você pressionar seu parceiro agora, terá uma surpresa desagradável. Este não é o momento certo de exigir compromisso. Deixe isso de lado, ou você poderá correr o risco de perder o seu companheiro.

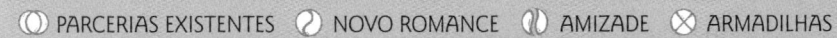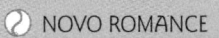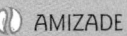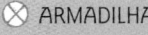 PARCERIAS EXISTENTES NOVO ROMANCE AMIZADE ARMADILHAS

56. Liberdade de Espírito

旅

Chama
Montanha

Às vezes é melhor viver a vida por conta própria. Os relacionamentos podem parecer um fardo desnecessário para ser carregado. Este é um período da sua vida em que você quer estar completamente livre. Tome cuidado para não ser atraído às pessoas erradas num momento de desejo ou de solidão.

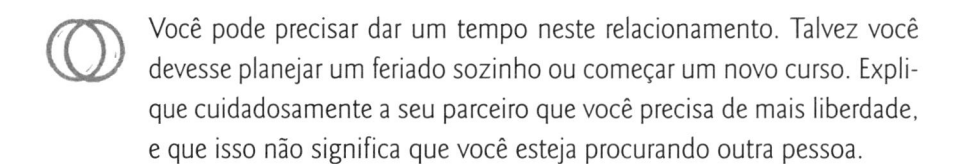 Você pode precisar dar um tempo neste relacionamento. Talvez você devesse planejar um feriado sozinho ou começar um novo curso. Explique cuidadosamente a seu parceiro que você precisa de mais liberdade, e que isso não significa que você esteja procurando outra pessoa.

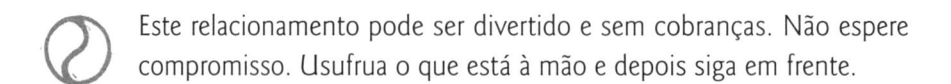 Este relacionamento pode ser divertido e sem cobranças. Não espere compromisso. Usufrua o que está à mão e depois siga em frente.

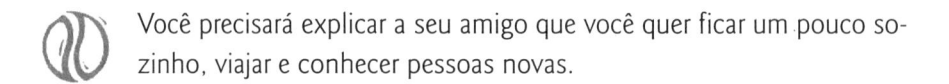 Você precisará explicar a seu amigo que você quer ficar um pouco sozinho, viajar e conhecer pessoas novas.

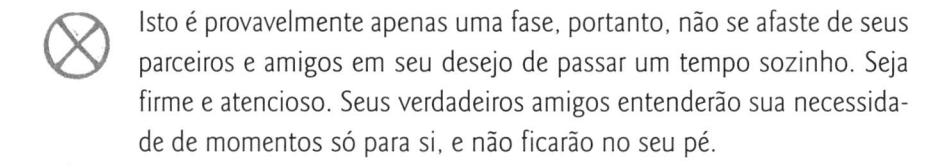 Isto é provavelmente apenas uma fase, portanto, não se afaste de seus parceiros e amigos em seu desejo de passar um tempo sozinho. Seja firme e atencioso. Seus verdadeiros amigos entenderão sua necessidade de momentos só para si, e não ficarão no seu pé.

LINHAS DE MUDANÇA

 Não se deixe atrair por uma série de aventuras sem sentido. Permaneça fiel a você mesmo. Você pode usufruir este período sem sucumbir à lascívia desenfreada. Se você tiver vários casos, poderá aprofundar a sensação de estar completamente só neste momento.

 Você tem a oportunidade de criar um relacionamento com alguém bastante diferente das pessoas que você escolheu no passado. Enquanto você for sincero, não terá nenhum pesar. Não deixe que os amigos nem a família interfiram na sua vida amorosa.

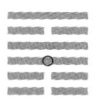 Não seja leviano com o afeto de outras pessoas, já que você só criará problemas para si mesmo e para os que você diz amar. Se você prometer compromisso e mudar de idéia, essa pessoa tentará se vingar.

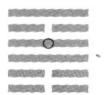 Você sente tensão e infelicidade. Exteriormente, tudo está bem; você tem o sucesso material por que anseia. Lembre-se: você também merece amor. Tente restabelecer certo equilíbrio em sua vida e dedicar mais tempo à sua vida amorosa.

 Novos relacionamentos são possíveis agora. Você tem a oportunidade de explorar aspectos de sua personalidade que no passado talvez estivessem escondidos ou foram ignorados. Vá em frente.

 Este relacionamento se baseia no desejo e no impulso. Se continuar assim, estará fadado a acabar. Aproveite enquanto puder, e então siga em frente, rápida e de maneira delicada.

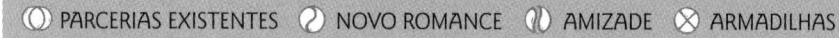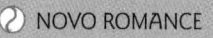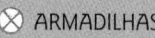 PARCERIAS EXISTENTES NOVO ROMANCE AMIZADE ARMADILHAS

57. Sementes de Paixão

Vento
Vento

Se você acabou de conhecer alguém, então o relacionamento tem grandes possibilidades. Cada um de vocês tem potencial para mudar a perspectiva que o outro tem da vida. Esse processo acontecerá lenta e gradualmente. Porém, juntos, vocês poderão fazer com que a paixão aumente.

Esta é uma época de mudança gradual, quase imperceptível. Você olhará para trás no fim deste período e perceberá uma mudança sutil, para melhor, em seu relacionamento.

Eis um relacionamento que vai "esquentando" aos poucos. Se você estiver contente por ser paciente e compreensivo, então esta parceria poderá funcionar para você.

Com o passar do tempo, você poderá compreender – se não resolver – os problemas que atualmente geram conflito entre vocês. Seja paciente.

Não seja demasiado ambicioso desta vez. Uma mudança significativa pode ocorrer de maneira alegre e tranquila, sem brigas nem ameaças. Se você forçar as coisas, simplesmente causará um impasse.

LINHAS DE MUDANÇA

 Então você não sabe o que fazer? Tente imaginar as conseqüências prováveis das abordagens alternativas. Depois tome uma decisão e se aferre a ela. Não peça conselhos aos amigos nem à família, já que o ponto de vista deles só complicará a situação desta vez.

 Seus demônios interiores estão prejudicando sua vida amorosa. Procure um conselheiro ou agente de cura para saber como se livrar desses grilhões emocionais. Reserve o tempo necessário em meio ao seu horário agitado para se ocupar de seus problemas emocionais. Esse tempo será bem aproveitado.

 Deixe de repassar mentalmente acontecimentos e conversas: tome sua decisão e se aferre a ela. Se você continuar a mentir, perderá o respeito dos outros e se sentirá impotente. Não perca a oportunidade e siga o desejo do seu coração.

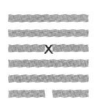 Você sabe que o momento é oportuno para conseguir o que quer, e você tem todos os recursos emocionais necessários para ser bem-sucedido. Se você agir implacável, rápida e decisivamente agora, poderá realizar o desejo de seu coração.

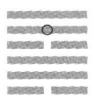 Melhore este relacionamento redefinindo algumas condições com o seu parceiro, mas faça isso de maneira calma e confiante. A mudança não acontecerá da noite para o dia, portanto, examine a situação cuidadosamente.

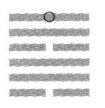 Você sabe o que está errado, mas agora não é hora de melhorar as coisas. Passe alguns momentos com pessoas que pensem como você, cuide da saúde e pense antes de tomar qualquer decisão sobre o assunto.

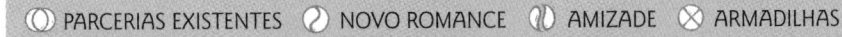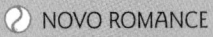 PARCERIAS EXISTENTES 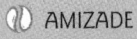 NOVO ROMANCE AMIZADE 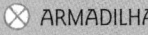 ARMADILHAS

58. Felicidade Mútua

Lago
Lago

Este é um momento agradável em sua vida, quando você pode criar novos padrões de felicidade. Geralmente aprendemos com nossos pais o que nos faz felizes; agora é hora de descobrir a alegria nas pequenas coisas da vida. Dê graças a Deus a cada noite antes de dormir, e se concentre em tudo o que é bom em sua vida.

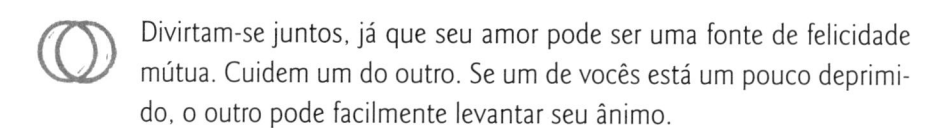 Divirtam-se juntos, já que seu amor pode ser uma fonte de felicidade mútua. Cuidem um do outro. Se um de vocês está um pouco deprimido, o outro pode facilmente levantar seu ânimo.

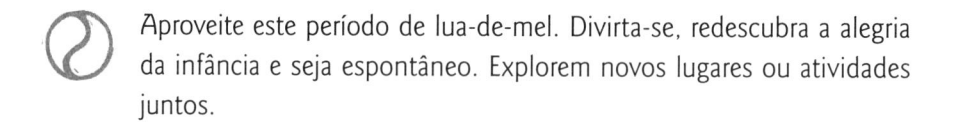 Aproveite este período de lua-de-mel. Divirta-se, redescubra a alegria da infância e seja espontâneo. Explorem novos lugares ou atividades juntos.

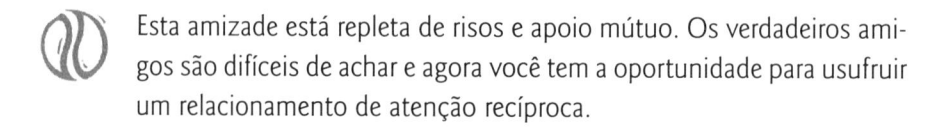 Esta amizade está repleta de risos e apoio mútuo. Os verdadeiros amigos são difíceis de achar e agora você tem a oportunidade para usufruir um relacionamento de atenção recíproca.

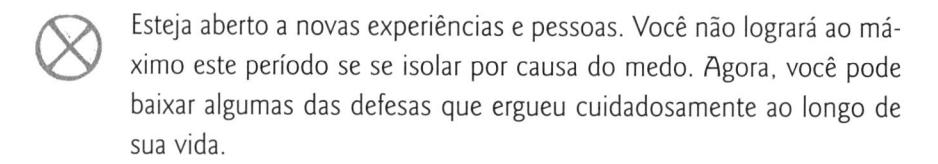 Esteja aberto a novas experiências e pessoas. Você não logrará ao máximo este período se se isolar por causa do medo. Agora, você pode baixar algumas das defesas que ergueu cuidadosamente ao longo de sua vida.

LINHAS DE MUDANÇA

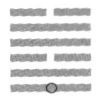 Você não precisa de agitação nem de festas – sua felicidade advém de momentos serenos e íntimos, partilhados com seu amor. Divirta-se, e seja criativo e apaixonado.

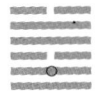 Você está tentado a ter um caso com alguém que não é confiável. Não deixe que a lascívia tire o que você tem de melhor. Fique longe desta pessoa e você não se arrependerá. Se sucumbir à tentação, as conseqüências serão traumáticas.

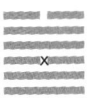 Se você estiver tentando enterrar seus sentimentos "ficando" com uma série de pessoas, isso não ajudará: sua auto-estima simplesmente sofrerá mais um golpe. Considere a hipótese de aconselhamento ou de um curso de auto-afirmação.

 Você está sendo tentado a ter um caso. Na verdade, isso traria à sua vida mais paixão, mas o custo seria alto. Busque outras formas de diversão. Faça um curso, pratique esporte ou desenvolva a sua criatividade.

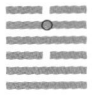 Alguém ou algo é uma ameaça ao seu bem-estar emocional. Não se deixe envolver por uma pessoa em particular, nem deixe um vício acabar com sua paz de espírito. Saiba distinguir amor de desejo.

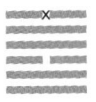 Você está prestes a ser seduzido por alguém que, no fundo, não tem os mesmos interesses que você. Será que o prazer fugaz da paixão realmente vale um sofrimento a longo prazo? Olhe para dentro de si e se concentre claramente em seus objetivos.

◐ PARCERIAS EXISTENTES ◑ NOVO ROMANCE ◕ AMIZADE ⊗ ARMADILHAS

59. Pôr Abaixo as Barreiras Emocionais

Vento
Água

Antes de você poder usufruir um relacionamento íntimo e satisfatório com outra pessoa, você precisa deixar de lado as muralhas emocionais que construiu como proteção. Você tem uma oportunidade segura neste relacionamento de dissolver aos poucos suas barreiras defensivas. Arrisque-se e abra seu coração.

Você pode alcançar um novo nível de intimidade agora. Os medos da infância podem passar e velhos padrões de defesa podem ser deixados de lado. Você pode usufruir um novo fluxo emocional.

Use esta oportunidade para curar seu coração partido e se livrar de qualquer imagem negativa que tenha de você mesmo. O amor pode curar as mágoas do passado de um modo intenso e profundo.

Esta é uma grande oportunidade para desenvolver uma verdadeira amizade e deixar de lado os velhos traumas. Aumentem a auto-estima um do outro, sejam espontâneos e se divirtam um pouquinho.

Não se apegue a padrões passados por medo. Se necessário, busque a ajuda de um conselheiro – alguém para ajudá-lo em seu processo de cura.

LINHAS DE MUDANÇA

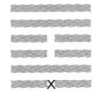 Se você não der atenção às suas emoções, criará problemas neste relacionamento. Tente fitas de auto-ajuda, seminários de desenvolvimento pessoal ou aconselhamento.

 Há muito apoio emocional ao seu redor. Abra seu coração para receber esse amor e energia. Este será um momento de profunda cura potencial se você estiver preparado para aceitar a ajuda que lhe é oferecida.

 Você se tornou tão apegado a um objetivo material, que ele está bloqueando seu relacionamento. Pare de tentar alcançar o que você acha que o fará feliz. Usufrua o amor que este relacionamento pode oferecer.

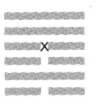 Às vezes precisamos nos livrar de velhos relacionamentos e seguir em frente. Agora é um momento assim: seja audacioso e dê um passo rumo ao desconhecido. Abra seu coração e dê oportunidade a um novo amor.

 Você está em meio a uma crise emocional. Parabéns! Isso pode ser um ponto decisivo na sua vida. Procure um amor verdadeiro e não deixe ninguém tratá-lo como uma pessoa de segunda classe.

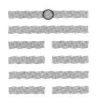 Este relacionamento é mutuamente destrutivo. Você tem a introvisão e a força para impedir mais agravos emocionais. Tome providências para terminar esta experiência dolorosa assim que puder. Procure apoio judicial, se necessário.

 PARCERIAS EXISTENTES ○ NOVO ROMANCE ○ AMIZADE ⊗ ARMADILHAS

60. Defina Seus Limites

節

Água
Lago

O problema aqui é definir que comportamento é considerado aceitável neste re-lacionamento. A monogamia é importante? Vocês têm conta conjunta no ban-co? A casa foi adquirida igualmente por ambas as partes? E quem cuida dos fi-lhos? A fim de usufruir verdadeiramente uma parceria, vocês precisam concordar com algumas diretrizes claras (e então segui-las).

Seu parceiro está trabalhando duro? Você está dando apoio financeiro bem como emocional? Reavalie seu relacionamento e, se necessário, seja firme ao pedir mais ajuda da parte de seu parceiro.

Fique de olho – esta pessoa pode exigir mais do que você pode dar. Você está fazendo o papel de salvador da pátria? Não comece dando mais apoio do que recebe; caso contrário, você se sentirá esgotado.

Certifique-se de não se deixar prender pelos problemas emocionais do seu amigo. Se você estiver envolvido com alguém que continuamente exige atenção, seja firme e menos disponível para ele.

Todo mundo gosta de ser útil. Porém os relacionamentos com pessoas que precisam muito dos outros acabam por nos deixar esgotados e são, em última análise, insatisfatórios. Evite pessoas que abusam da boa vontade alheia e "vampiros" que sugam a energia dos outros.

LINHAS DE MUDANÇA

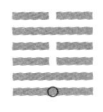 Se você for fiel ao acordo que fez com o seu parceiro, você se beneficiará da maior segurança e do amor criados por este relacionamento. Isso lhe dará a confiança necessária para alcançar seus objetivos.

 Você tem a oportunidade de explorar um novo relacionamento. Seja honesto com seu parceiro, explique quaisquer problemas que você perceber no seu relacionamento atual e, então, se necessário, tome uma atitude.

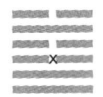 Não tente assumir as responsabilidades da pessoa que ama. Se você deixar que seu parceiro se comporte de um modo egoísta ou infantil, o relacionamento entrará em conflito.

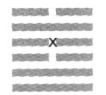 Quando você tiver concordado quanto a uma série de diretrizes mutuamente aceitáveis, este relacionamento florescerá. Você terá mais entusiasmo pelos projetos mútuos e mais energia a canalizar para objetivos comuns.

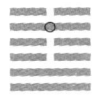 Você está pedindo mais do seu parceiro do que está disposto a dar? Tente inverter os papéis e demonstre boa-fé, provando sua lealdade e confiança de um modo concreto. O sucesso estará assegurado.

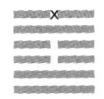 Não caia em tentação. Você causará a si mesmo muito sofrimento se tiver um caso passageiro ou limpar a conta corrente para financiar uma "farra", gastando impulsivamente.

PARCERIAS EXISTENTES   NOVO ROMANCE   AMIZADE   ARMADILHAS

61. Compreensão

Vento
Lago

Este problema é complicado. Duas pessoas estão encarando uma situação de pontos de vista opostos. Para resolver este problema, vocês precisam ser capazes de entender o ponto de vista alheio, então explicar o seu. A comunicação é a chave.

Só o fato de vocês verem o mundo diferentemente não significa que não possam chegar a um acordo. Só significa que você terá de se empenhar mais para convencer a outra pessoa. A paciência e a persistência prevalecerão.

Este relacionamento custará a começar. Embora você esteja muito atraído por esta pessoa, você precisa pesar com cuidado se suas diferenças podem ser superadas.

Aparentemente é difícil perceber o que está mantendo esta amizade. Você gosta de conflito e discussão? Lance um olhar frio a este relacionamento, e decida sobre alguns objetivos mútuos.

Há um problema arraigado aqui, mas ele pode ser superado com paciência suficiente e compromisso. Não comece algo que não esteja preparado para levar adiante.

LINHAS DE MUDANÇA

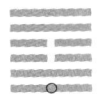 Não envolva uma terceira pessoa nos problemas do seu relacionamento. Por tentador que pareça buscar apoio de fora, o tiro sairá pela culatra e gerará ciúme e tensão. Você precisa manter a cabeça fria e um coração cálido para resolver este problema.

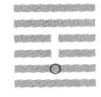 Algo o tem preocupado, mas você e seu parceiro podem chegar a um entendimento quanto a isso. Mantenha-se fiel a seus sentimentos e os expresse clara e calmamente. Uma resolução acontecerá mais rápido e facilmente do que você imagina.

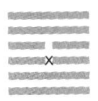 Você deixou a sua felicidade completamente nas mãos desta outra pessoa. Isso significa que você perdeu o controle de seu bem-estar emocional. Tente recuperar a sua integridade emocional.

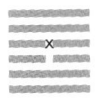 Se você estiver considerando duas opções, escolha o caminho do seu coração. As racionalizações das outras pessoas ou as suas preferências não são bons guias. Se necessário, passe algum tempo sozinho a fim de descobrir seus verdadeiros sentimentos.

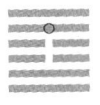 Você está tranqüilo e confiante. Pode persuadir seu parceiro quanto ao seu ponto de vista. Dê-lhe tempo para se adaptar e não caia na tentação de fazer chantagem emocional na tentativa de vencer este conflito de vontades.

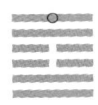 O que está sendo dito está em oposição ao que está sendo feito. Analise seu comportamento e o de seu parceiro. Lembre-se: o amor é mais do que dizer "amo você".

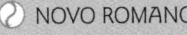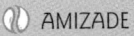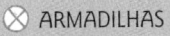 ⦾ PARCERIAS EXISTENTES ⦾ NOVO ROMANCE ⦾ AMIZADE ⊗ ARMADILHAS

62. Uma Posição mais Humilde

小過

Trovão
Montanha

Este é um momento para deixar as coisas como estão, por meio da paciência e da calma. Se houver problemas por questões de família, tente ver as coisas de uma perspectiva mais ampla e abra seu coração aos amigos e familiares do seu parceiro. Não caia em discussões neste momento.

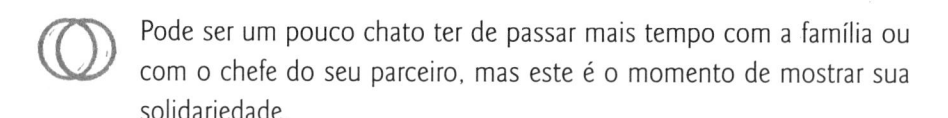 Pode ser um pouco chato ter de passar mais tempo com a família ou com o chefe do seu parceiro, mas este é o momento de mostrar sua solidariedade.

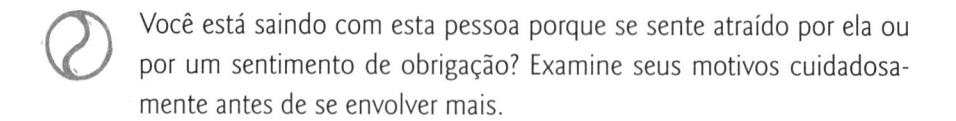 Você está saindo com esta pessoa porque se sente atraído por ela ou por um sentimento de obrigação? Examine seus motivos cuidadosamente antes de se envolver mais.

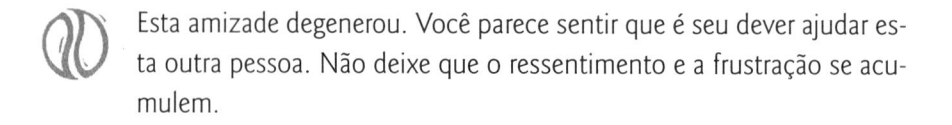 Esta amizade degenerou. Você parece sentir que é seu dever ajudar esta outra pessoa. Não deixe que o ressentimento e a frustração se acumulem.

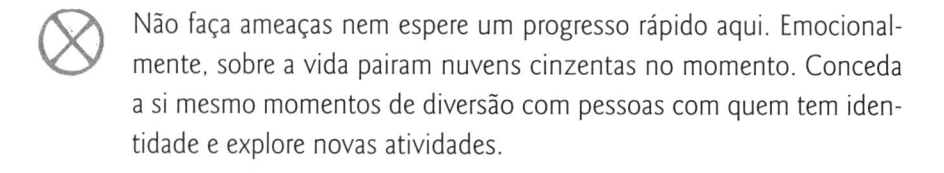 Não faça ameaças nem espere um progresso rápido aqui. Emocionalmente, sobre a vida pairam nuvens cinzentas no momento. Conceda a si mesmo momentos de diversão com pessoas com quem tem identidade e explore novas atividades.

LINHAS DE MUDANÇA

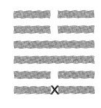 Se você está pensando em uma solução afrontosa para este problema, não fique tentado. Infelizmente a questão não é fácil. Trate das coisas calmamente e não espere que soluções fáceis apareçam.

 Não fuja de seus problemas – a resposta está numa melhor comunicação. Dê a seu parceiro uma chance de mudar. Tente não culpar a outra pessoa pelo modo como você se sente.

 Você poderia conservar seus princípios morais, mas, neste caso, isso não significaria que vocês seriam bem-sucedidos. Seu parceiro está prestes a lhe fazer uma surpresa. Tente ser flexível em suas reações e não diga nada que limite suas opções.

 Continue a sonhar com seu objetivo. Seja paciente, firme e se abstenha de discussões. A persistência e a confiança o ajudarão a triunfar aqui. Não é a hora certa para agir no momento.

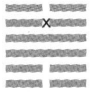 Você precisa de ajuda de fora deste relacionamento para identificar o problema e cuidar dele. Busque a ajuda de um conselheiro, dos amigos ou da família. Se necessário, procure aconselhamento jurídico.

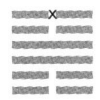 Se você forçar um compromisso maior agora, causará um rompimento. Fique calmo, seja amável com seu parceiro. Seu amor ajudará a acabar com o seu medo de uma intimidade maior.

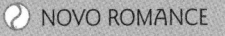 PARCERIAS EXISTENTES 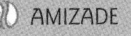 NOVO ROMANCE 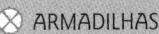 AMIZADE ⊗ ARMADILHAS

63. Sementes de Conflito

Água
Chama

À primeira vista, tudo parece bem, mas as sementes de conflito foram semeadas. Aproveite esta oportunidade para continuar a conversar sobre seus objetivos e sonhos. Aproveite o clima de paz, mas não varra nenhum problema para debaixo do tapete. Mais comunicação é a resposta.

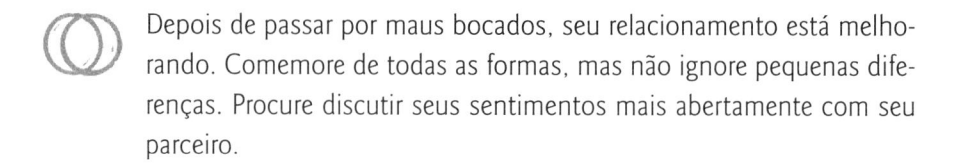 Depois de passar por maus bocados, seu relacionamento está melhorando. Comemore de todas as formas, mas não ignore pequenas diferenças. Procure discutir seus sentimentos mais abertamente com seu parceiro.

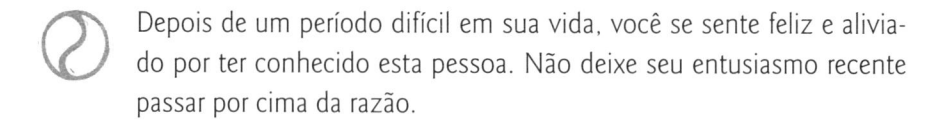 Depois de um período difícil em sua vida, você se sente feliz e aliviado por ter conhecido esta pessoa. Não deixe seu entusiasmo recente passar por cima da razão.

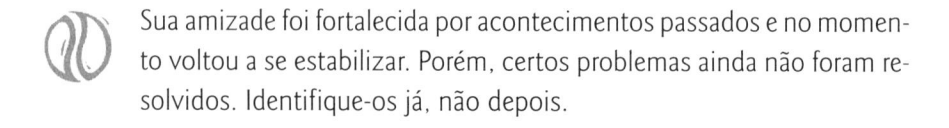 Sua amizade foi fortalecida por acontecimentos passados e no momento voltou a se estabilizar. Porém, certos problemas ainda não foram resolvidos. Identifique-os já, não depois.

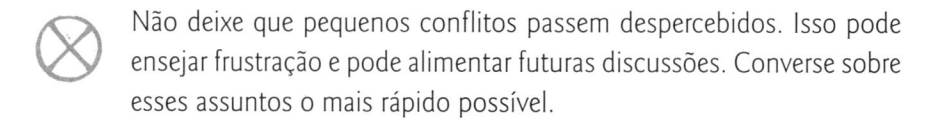 Não deixe que pequenos conflitos passem despercebidos. Isso pode ensejar frustração e pode alimentar futuras discussões. Converse sobre esses assuntos o mais rápido possível.

LINHAS DE MUDANÇA

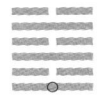 Sua parceria ainda não é sólida o bastante para resistir a tanta pressão externa. Passem mais tempo juntos, aumentando a confiança e a compreensão mútuas. Procure dar ouvidos ao que seu parceiro está dizendo de fato em vez de esperar que ele diga o que você quer ouvir.

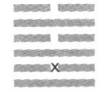 Você pode se sentir desprezado ou incompreendido, e fazer ameaças não ajudará as coisas. O tempo resolverá este problema. Enquanto isso, os amigos e a família podem dar apoio e ajuda material.

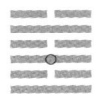 Você alcançou um novo nível de intimidade com seu parceiro. Desfrute-o, e não faça pressão para aumentar o compromisso, já que isso causaria tensão desnecessária. Celebre seu relacionamento e dê graças.

 Para chegar a esta reconciliação, você pode ter optado por desprezar algumas fraquezas do seu parceiro. Se esse ponto fraco não for descoberto e remediado, mais problemas acontecerão em breve.

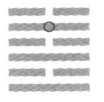 Não se deixe levar pela adulação nem por grandes gestos de amor. Lembre-se: o modo como o seu parceiro o trata diariamente é que é importante. Pratique a linha dura em termos de amor. Se necessário, dê um ultimato e não volte atrás.

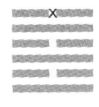 Perdoe e esqueça, mas não finja que perdoa só para depois lembrar o seu parceiro de antigos erros que ele cometeu. Você pode avançar agora para um relacionamento mais gratificante, se estiver preparado para deixar o passado para trás.

 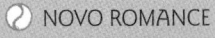 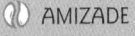 ◖◗ PARCERIAS EXISTENTES ◕ NOVO ROMANCE ◖◗ AMIZADE ⊗ ARMADILHAS

64. Metamorfose

Chama
Água

Tempos de mudança tendem a ser difíceis. Se você é sincero e encara as coisas com tranqüilidade, você pode ter um novo relacionamento repleto de realizações agora. Tentar acelerar o processo não levará a nada. Como os bons vinhos, os relacionamentos podem melhorar à medida que amadurecem.

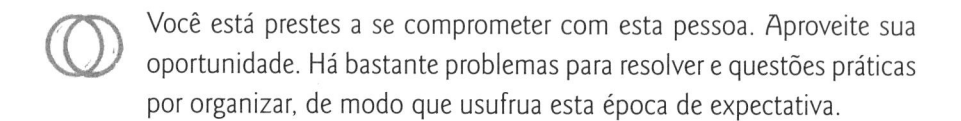 Você está prestes a se comprometer com esta pessoa. Aproveite sua oportunidade. Há bastante problemas para resolver e questões práticas por organizar, de modo que usufrua esta época de expectativa.

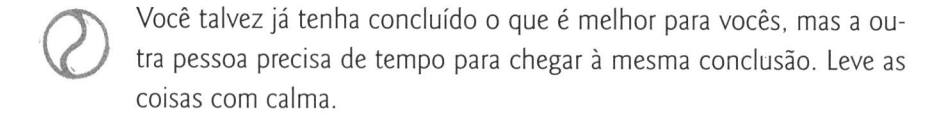 Você talvez já tenha concluído o que é melhor para vocês, mas a outra pessoa precisa de tempo para chegar à mesma conclusão. Leve as coisas com calma.

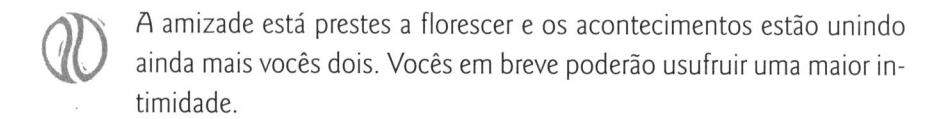 A amizade está prestes a florescer e os acontecimentos estão unindo ainda mais vocês dois. Vocês em breve poderão usufruir uma maior intimidade.

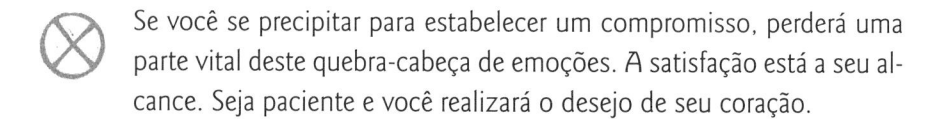 Se você se precipitar para estabelecer um compromisso, perderá uma parte vital deste quebra-cabeça de emoções. A satisfação está a seu alcance. Seja paciente e você realizará o desejo de seu coração.

LINHAS DE MUDANÇA

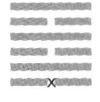 Agora não é o momento certo para alcançar seu objetivo. Se você pressionar as coisas cegamente, conhecerá o fracasso, portanto, aja na hora certa. Há uma terceira pessoa impedindo seu caminho.

 Este é o momento de semear as sementes do seu sucesso futuro. É muito cedo para agir, mas você pode aprimorar seus planos e conseguir apoio moral dos amigos e da família.

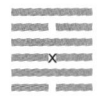 O momento de agir é agora, mas você precisa da ajuda dos seus amigos ou da família, ou talvez a ajuda de um conselheiro. Não seja orgulhoso demais para pedir ajuda. Preste atenção a problemas práticos tais como dinheiro e abrigo temporário.

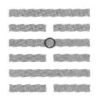 Você pode alcançar seu objetivo agora, mas precisará ser determinado e persistente. Conserve-se positivo e faça o que puder para aumentar sua auto-estima. Pode ser útil fazer um curso ou ler um livro de auto-ajuda.

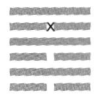 Parabéns! Colha os frutos do seu sucesso. Há uma nova vibração e paixão em seu relacionamento, bem como mais compaixão e ternura. Você pode ter uma parceria a longo prazo com esta base estável.

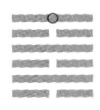 Celebre de todas as formas, mas não se deixe tentar pelo desejo de ir além dos limites. Este relacionamento se acha num estágio delicado, e você não quer prejudicar sua confiança, adquirida a duras penas. Ainda há muitos problemas vitais e controversos que precisam ser resolvidos.

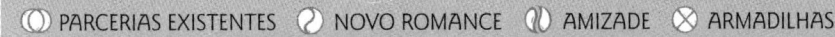 PARCERIAS EXISTENTES NOVO ROMANCE AMIZADE ⊗ ARMADILHAS

FOLHA DE REGISTRO

RELACIONAMENTO:

PERGUNTA	DATA/HORA LOCAL	HEXAGRAMAS I	II	INTROVISÕES	RESULTADO

SUGESTÕES DE LEITURA

Chia, Mantak, *Transform Stress into Vitality*. Nova York: Healing Tao Books Inc., 1985.

Cleary, Thomas, *The Secret of the Golden Flower*. San Francisco: HarperSanFrancisco, 1991.

Eberhard, Wolfram, *Dictionary of Chinese Symbols*. Londres: Routledge & Kegan Paul, 1986.

Metz, Pamela K. e Jacqueline L. Tobin, *The Tao of Women*. Shaftesbury: Element, 1996.

Mitchell, Stephen (trad.), *Tao Te Ching: The Book of the Way*, Lao-tsé. Londres: Kyle Cathie, 1996. [*Tao Te Ching*, publicado pela Editora Pensamento, São Paulo, 1987.]

Reid, Daniel, *The Tao of Health, Sex and Longevity*, Londres: Simon and Schuster, 1989.

Rossbach, Sarah e Lin Yun, *Living Colour*. Nova York: Kodansha International, 1994.

Wilhelm, Richard (trad.). *The I Ching or Book of Changes*. Londres: Routledge & Kegan Paul, 1951 (primeira edição). [*I Ching – O Livro das Mutações*, Editora Pensamento, São Paulo, 1983.]

Yü, Lu K'uan, *Taoist Yoga*, Londres: Rider, 1970.

AGRADECIMENTOS

AGRADECIMENTOS DA AUTORA

Para meus clientes, cujas perguntas inspiraram este livro;
para Julie Carpenter e Aziz Khan, por suas ilustrações;
para Elaine Partington, por sua acuidade visual;
para Tessa Monina, pela administração do projeto,
e a Ian Jackson, por seu entusiasmo e apoio.

TABELA DE HEXAGRAMAS

1 (p. 20)	2 (p. 22)	3 (p. 24)	4 (p. 26)	5 (p. 28)	6 (p. 30)	7 (p. 32)	8 (p. 34)
9 (p. 36)	10 (p. 38)	11 (p. 40)	12 (p. 42)	13 (p. 44)	14 (p. 46)	15 (p. 48)	16 (p. 50)
17 (p. 52)	18 (p. 54)	19 (p. 56)	20 (p. 58)	21 (p. 60)	22 (p. 62)	23 (p. 64)	24 (p. 66)
25 (p. 68)	26 (p. 70)	27 (p. 72)	28 (p. 74)	29 (p. 76)	30 (p. 78)	31 (p. 80)	32 (p. 82)
33 (p. 84)	34 (p. 86)	35 (p. 88)	36 (p. 90)	37 (p. 92)	38 (p. 94)	39 (p. 96)	40 (p. 98)
41 (p. 100)	42 (p. 102)	43 (p. 104)	44 (p. 106)	45 (p. 108)	46 (p. 110)	47 (p. 112)	48 (p. 114)
49 (p. 116)	50 (p. 118)	51 (p. 120)	52 (p. 122)	53 (p. 124)	54 (p. 126)	55 (p. 128)	56 (p. 130)
57 (p. 132)	58 (p. 134)	59 (p. 136)	60 (p. 138)	61 (p. 140)	62 (p. 142)	63 (p. 144)	64 (p. 146)